ESTRATÉGIA EMPRESARIAL

AS ETAPAS DO PROCESSO ESTRATÉGICO E O USO DE FERRAMENTAS CLÁSSICAS

MARCELLO ROMANI-DIAS
CAIO SOUSA DA SILVA
ALINE DOS SANTOS BARBOSA

ESTRATÉGIA EMPRESARIAL

AS ETAPAS DO PROCESSO ESTRATÉGICO E O USO DE FERRAMENTAS CLÁSSICAS

Freitas Bastos Editora

Direitos exclusivos da edição e distribuição em língua portuguesa:

Maria Augusta Delgado Livraria, Distribuidora e Editora

Editor: *Isaac D. Abulafia*

Diagramação e Capa: *Julianne P. Costa*

Dados Internacionais de Catalogação na Publicação (CIP) de acordo com ISBD

R758e	Romani-Dias, Marcello
	Estratégia Empresarial: as etapas do processo estratégico e o uso de ferramentas clássicas / Marcello Romani-Dias, Caio Sousa da Silva, Aline dos Santos Barbosa. - Rio de Janeiro, RJ : Freitas Bastos, 2022.
	136 p. ; 15,5cm x 23cm.
	Inclui bibliografia.
	ISBN: 978-65-5675-181-8
	1. Administração de empresas. 2. Estratégia Empresarial. 3. Vantagem competitiva. 4. Modelo de negócio. 5. Estratégia empresarial. 6. Planejamento estratégico. 7. Processo estratégico. 8. Gestão estratégica. 9. Pestel. 10. SWOT. 11. Modelo VRIO. 12. BSC. 13. Balance Scorecard. 14. Matriz. 15. BCG. 16. Ansoff. 17. GUT. 18. FOFA. 19. VBR. 20. Visão baseada em recursos. 21. Metas Smart. I. Silva, Caio Sousa da. II. Barbosa, Aline dos Santos. III. Título.
2022-2362	CDD 658 CDU65

Elaborado por Vagner Rodolfo da Silva – CRB-8/9410

Índices para catálogo sistemático:
1. Administração de empresas 658
2. Administração de empresas 65

Freitas Bastos Editora

atendimento@freitasbastos.com
www.freitasbastos.com

DEDICATÓRIA

Dedicamos esta obra aos que vieram antes, nossos mestres, e aos que vieram depois, nossos alunos. Vocês nos trouxeram o privilégio do aprendizado diário. Nos ensinaram a buscar por um conhecimento verdadeiro, ainda que nunca esgotado, sobre as coisas. Esperamos, então, contribuir com vocês, mesmo que em modesta medida, a partir deste nosso livro. Tenhamos sempre em mente que o professor é o eterno aluno.

Dedicamos este livro também aos nossos familiares queridos, que nos trazem a paz daqueles que amam e que são amados. Obrigado pelos valores transmitidos, pelo carinho, pela compreensão e pela parceria nessa jornada da vida. É uma grande aventura termos chegado até aqui, e somos imensamente gratos a vocês.

OS AUTORES

Marcello Romani-Dias

Com realização de Estágio Doutoral no *Massachusetts Institute of Technology (MIT)*, é Doutor em Administração de Empresas pela Fundação Getulio Vargas (EAESP/FGV), na Linha de Pesquisa em Estratégia Empresarial, concluiu Pós-Doutorado na *Bentley University (USA)*, e realiza Licenciatura em Filosofia na Universidade Presbiteriana Mackenzie (2019-2022). É Mestre em Administração pela FEI, especialista em Governança nos Negócios pela FIA, e Bacharel em Administração pela ESPM. Como educador, é Professor Titular do Programa de Mestrado e Doutorado em Administração (PPGA), em que orienta pesquisas na temática da Estratégia Empresarial, e do Programa de Mestrado e Doutorado em Gestão Ambiental (PPGAMB), ambos na Universidade Positivo (UP). Atua como professor convidado na Fundação Getulio Vargas (FGV) e na Fundação Instituto de Administração (FIA), no âmbito da educação executiva. Participa ativamente de congressos de Administração em âmbito nacional e internacional, e tem sólida publicação em periódicos científicos da área. Como gestor, é coordenador em programas executivos no âmbito do FGV *Management*, e sócio na Barbosa e Romani Educação e Assessoria Ltda. Seu trabalho inclui o desenho de cursos presenciais e virtuais, consultoria empresarial, elaboração de conteúdos em apostilas, videoaulas e podcasts, e desenvolvimento de publicações sobre os cursos realizados, no formato de cases empresariais. É sócio-fundador da *Schola Akadémia*, escola virtual que oferta cursos acadêmicos livres.

Caio Sousa da Silva

Caio Sousa é Mestre em Administração de Empresas pelo Centro Universitário FEI, na área da Gestão da Inovação. Bacharel pelo Centro Universitário FEI no curso de Administração. Atua na equipe de Coordenação da Graduação Online da FGV EBAPE. É professor em diversas disciplinas dos cursos da área da Administração. É Editor Executivo da RAEP – Revista de Administração: Ensino e Pesquisa. Conselheiro Administrativo na Eductus – Negócio de Impacto Social em educação. Possui artigos científicos publicados em periódicos de relevância nacional e internacional, também dentro da discussão sobre Estratégia Organizacional. Foi ganhador de Menção Honrosa no Prêmio Instituto de Cidadania Empresarial (ICE) 2016 – Finanças Sociais e Negócios de Impacto por melhor trabalho acadêmico desenvolvido em nível nacional.

Aline dos Santos Barbosa

Com realização de Estágio Doutoral na *Bentley University (EUA)*, é Doutora em Administração de Empresas pela Fundação Getulio Vargas (EAESP/FGV) na Linha de Pesquisa Estratégia Empresarial, está realizando Pós-Doutorado na ESALQ, no âmbito da Universidade de São Paulo (USP), e Licenciatura em Filosofia na Universidade Presbiteriana Mackenzie (2019-2022). É Mestre em Administração pela FEI, especialista em Comunicação com o Mercado pela FIA e Bacharel em Comunicação Social com Habilitação em Publicidade e Propaganda. Como educadora, é Professora Permanente no Programa de Mestrado em Administração e Desenvolvimento Empresarial (MADE) da Universidade Estácio de Sá. Atua também como orientadora de Monografias nos cursos de MBA do PECEGE/USP e conteudista digital. Participa ativamente dos principais congressos de Administração em âmbito nacional e internacional, com sólida publicação em periódicos científicos da área, também na temática de estratégia empresarial. Como gestora, já atuou na coordenação de cursos de Pós-graduação e MBA em Gestão de Negócios na FIA e na consultoria de Marketing, e é coordenadora do tema Desigualdade de Gênero nas Organizações no Congresso de Administração Sociedade e Inovação (CASI), e sócia na Barbosa e Romani Educação e Assessoria Ltda. Seu trabalho inclui o desenho de cursos presenciais e virtuais, elaboração de conteúdos em apostilas, videoaulas e *podcasts*. É sócia-fundadora da Schola Akadémia, escola virtual que oferta cursos acadêmicos livres.

APRESENTAÇÃO

"Não existem métodos fáceis para resolver problemas difíceis."
René Descartes

Em nossa trajetória acadêmica e profissional dentro da área de Administração temos tido a oportunidade de aprender e ensinar sobre os principais tópicos presentes na temática da estratégia empresarial, bem como sobre suas ferramentas da gestão estratégica, tópicos escolhidos para a construção deste livro.

A partir de algumas destas ferramentas gestores buscam caminhos e métodos para o embasamento de suas decisões mais difíceis, as quais podem gerar impactos globais de longo prazo para as organizações em que atuam, sendo, por esta última razão, chamadas de ferramentas estratégicas. Estas ferramentas, grosso modo, são expressas na forma de um modelo ou esquema gráfico que deve ser "preenchido" por seus usuários, após a coleta das informações necessárias para tal preenchimento.

As ferramentas, portanto, podem auxiliar estes gestores nas respostas para as seguintes grandes perguntas: Possuo vantagem competitiva de longo prazo em relação aos meus concorrentes? Quais são as forças e fraquezas dos diversos recursos que tenho em minha empresa? Quais são as oportunidades que devo aproveitar em meu setor de atuação, e quais ameaças devo estar preparado para conter? Em relação aos meus concorrentes, como estou posicionado no mercado em que atuo? Como está a atratividade/lucratividade de meu setor de atuação? Tenho uma posição de líder ou de seguidor em meu mercado? Meu modelo de negócio está adequado para minhas atividades e para meu setor de atuação? Em que medida tenho atendido aos diversos objetivos e metas que estabeleço para minha empresa? Qual é a gravidade e urgência dos problemas presentes em minha organização? Estes problemas estão controlados ou tendem a agravar-se no futuro?

Com estas questões em mente, e por meio de uma abordagem acadêmica e aplicada, trazemos nesta obra etapas, conceitos e ferramentas consagrados pela literatura e pela prática do campo da estratégia empresarial. O leitor poderá notar que em cada capítulo ao menos uma ferramenta é apresentada, com destaque para seu histórico, formas de aplicação, benefícios e limitações de uso, exemplo de aplicação e cuidados na utilização. Além dos conceitos de estratégia, e das quatro etapas clássicas que envolvem o processo estratégico (diagnóstico, formulação, implementação e controle), o capítulo final do livro traz importantes reflexões e exemplos sobre como tanto o público interno quanto o público externo influenciam nas estratégias dos negócios, bem como em seus resultados. Trata-se de uma reflexão necessária, para que nunca percamos de vista a noção de que o sucesso de uma estratégia jamais será, no contexto organizacional, um ato isolado de um indivíduo.

Prezado leitor, seja você aluno, gestor ou consultor, acreditamos que nossa obra ampliará sua compreensão sobre alguns dos principais métodos disponíveis para a tomada de decisão estratégica nas organizações. Defendemos que ao compreender os materiais aqui expostos, você terá maior probabilidade de êxito na busca por vantagem competitiva de longo prazo para a organização em que atua. Conte conosco nessa jornada e ótima leitura!

Marcello Romani-Dias
Caio Sousa da Silva
Aline dos Santos Barbosa

SUMÁRIO

APRESENTAÇÃO...IX

CAPÍTULO 1
ESTRATÉGIA EMPRESARIAL: CONCEITOS-CHAVE E O PROCESSO
ESTRATÉGICO DOS NEGÓCIOS..1

CAPÍTULO 2
ETAPA DE DIAGNÓSTICO: A ANÁLISE EXTERNA COM O USO DAS FERRAMENTAS DAS CINCO
FORÇAS DA INDÚSTRIA E DO MODELO PESTEL...11

CAPÍTULO 3
ETAPA DE DIAGNÓSTICO: A ANÁLISE INTERNA COM O USO DAS FERRAMENTAS DA
ANÁLISE SWOT E DO MODELO VRIO..21

CAPÍTULO 4
ETAPA DE FORMULAÇÃO: OS ELEMENTOS DO "CORAÇÃO" DA ESTRATÉGIA E AS
METAS DO TIPO SMART..43

CAPÍTULO 5
ETAPA DE IMPLEMENTAÇÃO: OS DESAFIOS DA AÇÃO E OS TIPOS
DE ESTRATÉGIAS...57

CAPÍTULO 6
ETAPA DE CONTROLE: A NECESSIDADE DE MONITORAMENTO E O USO
DO BSC 79

CAPÍTULO 7
FERRAMENTAS ESTRATÉGICAS COMPLEMENTARES:
O USO ADICIONAL DA BCG, ANSOFF E GUT 95

CAPÍTULO 8
UM FATOR CRÍTICO PARA O ÊXITO ESTRATÉGICO: OS PÚBLICOS INTERNO E
EXTERNO DOS NEGÓCIOS 107

COMENTÁRIOS FINAIS 119
REFERÊNCIAS 121

CAPÍTULO 1

ESTRATÉGIA EMPRESARIAL:
CONCEITOS-CHAVE E O PROCESSO
ESTRATÉGICO DOS NEGÓCIOS

✗ CONCEITOS-CHAVE DA ESTRATÉGIA NOS NEGÓCIOS

Pensar estrategicamente é fundamental para a continuidade das empresas. Isto ocorre porque vivemos em um mundo em que a competição é cada vez mais acirrada. Pensar de modo estratégico significa ter visão de longo prazo, significa conhecer sua empresa e seu mercado de atuação e significa, principalmente, diferenciar-se de seu concorrente por meio da entrega de maior valor agregado para seu público alvo. Para pensarmos estrategicamente é necessário conhecermos os principais conceitos sobre este relevante tópico discutido em diversas disciplinas relacionadas à gestão. Isto envolve conhecer as famosas etapas do processo estratégico de uma organização, quais sejam: diagnóstico (**ou análise**), formulação, implementação e controle:

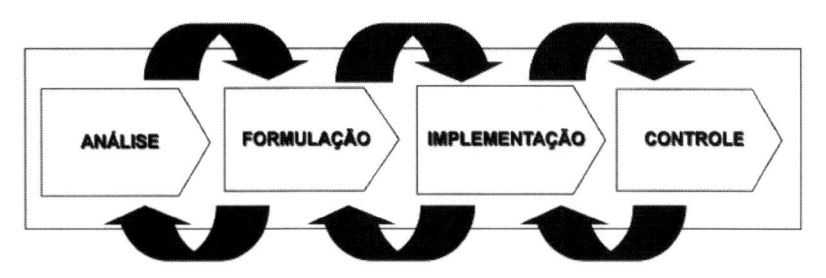

Fonte: Elaborado pelos autores.

Porém, antes de adentrarmos nestas etapas estratégicas, vamos nos aprofundar nos conceitos.

Como primeiro ponto, devemos ter em mente que o campo da estratégia tem origem militar, origem esta que pode ser explicada por meio da própria etimologia do termo estratégia, em que *Strategos* vem de *Strato* (exército) e *Agein* vem de comando. Uma das formas de interpretarmos a etimologia do termo estratégia é, portanto, como "comandante do exército." Aristóteles tem, inclusive, uma célebre frase sobre este tópico: "a eficiência de um exército consiste em parte na ordem e em parte no general, mas principalmente no último, porque ele não depende da ordem, ao passo que a ordem depende dele." Desta definição podemos notar a importância do general para o exército, como sendo o principal responsável pelo desenho das estratégias vencedoras, ao mesmo tempo em que sozinho nenhum general é capaz de ganhar uma batalha, não é mesmo? O exército como um todo é necessário.

Apesar de ter herança militar, o campo da estratégia foi gradativamente ganhando força também no mundo dos negócios. Isto se deu, principalmente, em virtude do acirramento da concorrência entre empresas de diversos setores no pós-guerra. As empresas passaram, então, a ser exigidas por (i) um melhor planejamento de seu crescimento, (ii) pelo desenvolvimento de novos produtos e/ou mercados baseado na análise externa e, principalmente, pela (iii) busca de entrega superior de valor/benefícios para seus clientes.

Estas exigências decorrem, principalmente, do fato de que o foco exclusivo na eficiência não era mais suficiente para garantir o sucesso do negócio, principalmente no longo prazo. Temos, em síntese, um contexto de pós-guerra em que o consumo desenfreado que marcou, por exemplo, os anos dourados, acarretou também em um aumento de concorrência entre as empresas, intensificado das décadas de 1950 e 1960 em diante, época em que também floresce o pensamento administrativo em estratégia. Nessa esteira, o estudo de administração estratégica teve início nos anos de 1950, após a Fundação Ford e a *Carnegie Corporation* patrocinarem uma pesquisa nos currículos das escolas de negócios nos Estados Unidos.

Nesse mesmo sentido, muitas das tendências de mudança do atual contexto organizacional e de negócios tiveram início após a Segunda Guerra Mundial (HITT *et al.*, 2016). Esse período apresentou muitos desafios para gestores dos mais diversos tipos de organização. Em consequência da situação de reconstrução e retomada de crescimento econômico, houve grandes avanços tecnológicos, aumento da concorrência nacional e global e crescimento da demanda dos mais variados tipos de produtos e serviços. É nesse período que surgem as grandes corporações multinacionais, que alteram o modo de fazer negócios de muitos locais nos quais são introduzidas novas posturas diante da necessidade crescente por competitividade (BUENO, 2014). Posto de outro modo, o acirramento da concorrência pode ser visto como um dos principais fatores que motivou um olhar estratégico por parte das organizações e por parte dos teóricos do campo da Administração.

Sobre este ponto, Peter Drucker, um dos principais nomes do pensamento estratégico nas organizações, entende que a preocupação exclusiva com a eficiência faz sentido em uma sociedade industrial. O problema é que as transformações de meados do século XX levaram a um novo modelo socioeconômico, que exigiu uma nova perspectiva gerencial. Dentro desta perspectiva emerge o próprio conceito de estratégia, que apesar de não ser unânime entre seus principais pensadores, apresenta elementos recorrentes, como visão de longo prazo e diferenciação frente à concorrência. Vejamos algumas definições:

"Estratégia é a determinação das metas e dos objetivos básicos de uma empresa para o longo prazo, assim como a adoção de cursos de ação e a alocação dos recursos necessários para atingir essas metas." (CHANDLER, 1969)

"Estratégia é a composição dos principais objetivos, propósitos, metas e políticas essenciais e planos para alcançar tais metas, composição esta estabelecida de tal forma que define como o negócio da empresa é ou será e que tipo de empresa é ou será." (ANDREWS, 1980)

Destas diferentes definições de estratégia podemos notar que ela é pautada por um crescimento proativo dos negócios, e não mais reativo e passivo, por visão de longo prazo e amplo escopo (impacto para o negócio como um todo), com base em análise racional deliberada, e pela integração entre as áreas do negócio, apesar de ter como figuras responsáveis a alta administração, por meio da definição clara dos macro objetivos organizacionais. A figura abaixo sintetiza estas ideias:

Fonte: Elaborado pelos autores.

✗ AS GRANDES PERGUNTAS DA ESTRATÉGIA NOS NEGÓCIOS

Dentro deste panorama da estratégia, o processo estratégico em um negócio procura responder a três perguntas básicas, quais sejam: onde você está hoje? Para onde você quer ir? Como chegar lá?

A primeira pergunta é respondida por meio de uma análise do ambiente interno e do ambiente externo do negócio, tópicos que serão tratados no próximo capítulo. Posto de outro modo, esta pergunta costuma ser endereçada pelas empresas por um processo chamado de diagnóstico, que envolve a análise da situação do negócio em duas dimensões: a análise externa e a análise interna (GHEMAWAT, 2009). Estamos falando de olhar para elementos do micro e do macroambientes do negócio, como potenciais clientes, concorrentes, fornecedores, política, economia, cultura, sociedade, legislações, tecnologias, e assim por diante. Sobre alguns destes elementos temos maior controle, e sobre outros eventos temos pouco ou nenhum controle, como no caso de uma inflação nacional ou mesmo de uma pandemia difícil de ser prevista. Note que aqui não estamos tratando somente de clientes, concorrentes e fornecedores, mas sim de variáveis que estão, digamos, mais longe da empresa e que devem também ser mapeadas por ela. Outro exemplo extremo seria o Brasil entrar em guerra com outro país, decisão que cabe ao governo federal, e não a uma empresa específica. É necessário, portanto, que o profissional da gestão esteja sempre atento a estas variáveis. São as chamadas ameaças e oportunidades.

Além de olharmos para fora, é necessário olharmos também para dentro, isto é, para nossos processos organizacionais, para nossa cadeia de valor (tipos de atividades, sua forma de execução e inter-relacionamento) e para nossas forças e fraquezas, compreendidas como os pontos favoráveis e desfavoráveis que temos em relação aos nossos concorrentes diretos e indiretos. É deste modo que poderemos ter maior clareza sobre a tal pergunta do "onde estamos?" Neste caso estamos, então, olhando para dentro do "escritório de decisões" da empresa. São elementos que podem ser diretamente geridos e controlados pela organização, e que consequentemente impactarão em seu resultado. Devemos diagnosticar nossos processos. Em uma fábrica seria o caso de verificarmos se produzimos em velocidade adequada, com margem de erro aceitável e evitando desperdícios excessivos. O diagnóstico, assim como em uma visita ao médico, é fundamental para sabermos que "tratamento daremos ao paciente." Com as empresas não é diferente, neste caso precisamos, então, identificar os problemas a serem tratados antes de partirmos para possíveis soluções.

Este processo de diagnóstico interno também envolve o que chamamos de cadeia de valor, em que devemos olhar de forma holística para a empresa com a finalidade de compreendermos de que forma, por exemplo, consegue ou não entregar maior valor agregados para seus clientes. Aqui podemos investigar cada fase do processo fabril, para o mesmo caso da indústria citada anteriormente. Como será que cada etapa de produção pode contribuir para entregar maior ou menor valor para meu cliente? Esta é uma possível pergunta norteadora ao realizamos o diagnóstico da cadeia de valor da empresa. Não custa lembrarmos que o valor a que nos referimos aqui diz respeito aquilo que os clientes consideram valioso, e que está associado aos benefícios que são entregues ao público alvo.

Por fim, não há como falarmos em diagnóstico empresarial sem compreendermos os pontos fortes e os pontos fracos de minha organização que me tornam, portanto, fortalecido ou enfraquecido diante de minha concorrência. Devo conhecer se sou forte porque entrego rápido, porque entrego com grande qualidade ou se sou forte porque tenho variedade. Na mesma medida, devo conhecer se minha grande fraqueza é o atendimento, ou a falta de produto diante da demanda de mercado, ou até mesmo meu alto gasto com custos fixos. Estes são, evidentemente, apenas exemplos didáticos, mas que nos ajudam a identificar pontos de fundamental melhoria ou manutenção por parte da empresa. A esta altura você deve ter notado a complexidade da realização de um bom planejamento estratégico para as organizações. É de fato um processo complexo, e que deve ser tratado do modo mais profissional possível pelas empresas, posto que sem método não é possível ter um bom planejamento.

Retornando para a segunda pergunta feita, a do "onde queremos ir?", estamos falando de uma posição de futuro, de algo em construção, do por vir. Como consequência, esta pergunta está diretamente associada a definição dos grandes objetivos da empresa, e de sua missão enquanto organização. Nesta etapa, nossos objetivos devem ser seguidos de metas, que nos ajudem a quantificá-los. Um objetivo pode ser aumentar as vendas. Uma meta associada a este objetivo pode ser aumentar as vendas de meu salão de beleza localizado na unidade do bairro da Tijuca em 10% ao mês pelos próximos três meses. Note que a meta traz números e prazos, o que faz com que, digamos, estejamos mais comprometidos com nosso objetivo, além de tornar mais fácil sua mensuração. Devemos também ter em mente quem os grandes objetivos da empresa indicam quais resultados deveria alcançar como parte do cumprimento de sua missão enquanto organização.

O intuito deste capítulo não é o de esgotarmos a discussão sobre missão organizacional, mas, por ora, é importante que você tenha em mente que a missão ilustra aspectos como: o que a empresa é; o que faz; para quem faz; como e onde o faz. Em outras palavras, a missão ilustra o propósito da organização, e não há planejamento estratégico sem uma boa missão e sem grandes objetivos traçados, você não concorda? A missão é geralmente definida em etapa posterior ao diagnóstico de mercado realizado pela empresa.

A terceira pergunta do pensamento estratégico diz respeito ao "como chegar lá?" Esta pergunta pode ser respondida com o que chamamos de formulação da estratégia (MINTZBERG, 1987). Neste momento desenhamos nossa estratégia, dentro de três principais níveis:

1 – Nível Corporativo, que envolve decisões sobre: em quais indústrias competir; o grau de integração vertical da minha empresa; em quais países ou regiões atuar; gestão integrada e alocação de recursos entre as unidades de meu negócio; possibilidades de alianças, fusões e aquisições;

2 – Nível da Unidade de Negócios, que envolve decisões sobre: a escolha dos segmentos de clientes; o pacote de atributos a oferecer ao mercado e seu

respectivo nível de desempenho; o nível relativo de preços e a estrutura de custos da organização;

3 – Nível Funcional, que envolve decisões dentro de áreas centrais da empresa, como: Produção; Logística; Finanças; Recursos Humanos, P&D, Marketing, Comercial, Jurídico, Regulatório, Tecnologia da Informação, Inteligência de Mercado, entre outras que variarão de negócio para negócio.

Esta fase da estratégia envolve decidir sobre dois pontos-chave: como e onde competir. Como exemplo, em um cenário em que a atratividade da indústria em que quero atuar é alta (por exemplo, quando estamos diante de mercados bastante lucrativos, como o setor farmacêutico) e minha posição é de desvantagem frente aos meus concorrentes, devo tomar uma decisão sobre onde competir dentro deste grande setor. Posso, como possível caminho, optar por atuar com medicamentos de preços mais populares e de produção em larga escala. Posso, ao contrário, estar diante de um cenário em que minha empresa tem vantagem sobre os concorrentes, mas está em uma indústria que é pouco atrativa em termos de rentabilidade. Neste caso eu teria que decidir, estrategicamente, sobre como competir para aumentar meus ganhos em um cenário não tão favorável. Poderia, ainda, chegar a conclusão de que talvez este mercado não deva ser explorado por minha empresa ou por minha marca principal.

Em complemento, o "como chegar lá" também é respondido pela escolha do tipo de estratégia de seu negócio. Terei o preço mais competitivo do mercado? Terei os menores custos variáveis do mercado? Serei eu a ofertar os melhores benefícios do mercado para meus clientes? Serei conhecido como quem oferece o melhor suporte ou como quem oferece a maior variedade de serviços? Note que a sintonia fina entre o diagnóstico realizado, os macro objetivos estabelecidos para meu negócio e a estratégia adotada por minha organização serão os elementos fundamentais para não apenas ter uma estratégia, e sim para ter uma estratégia vencedora, que me permita ganhos crescentes no longo prazo.

CAPÍTULO 2

ETAPA DE DIAGNÓSTICO: A ANÁLISE EXTERNA COM O USO DAS FERRAMENTAS DAS CINCO FORÇAS DA INDÚSTRIA E DO MODELO PESTEL

INTRODUÇÃO

As organizações têm, em regra, certa dependência de outros agentes. Um exemplo disso está em sua relação com o fornecedor de insumos e recursos, e também em sua relação com seus clientes. Há os casos das empresas que fazem o que chamamos de verticalização produtiva, ou integração total da operação, casos em que a própria empresa extrai a matéria-prima, transforma em produto e disponibiliza este produto diretamente ao consumidor. Salvaguardada esta exceção, estamos sempre, enquanto negócios, em uma relação direta de influências com os diferentes agentes que conosco interagem (BUENO, 2014). Como consequência disso, fornecedores e clientes exercem pressões de formas variadas, que inclusive intensificam a disputa competitiva entre as organizações de determinado setor (HITT; IRELAND; HOSKISSON, 2016).

As organizações também são pressionadas pela maior ou menor dificuldade de entrar em um setor ou de sair dele. O grau de atratividade do setor também é, portanto, uma variável importante do grau de concorrência existente e indica a possibilidade de produtos e/ou serviços similares oriundos de outros setores de atividades substituírem os produtos e/ou serviços de um setor específico. Essas variáveis determinam o nível de rentabilidade de um setor, e estão entre aqueles que podem ser analisadas pelo modelo das cinco forças da indústria, objeto central deste capítulo.

✗ ANÁLISE EXTERNA NO MICROAMBIENTE

Olhar para o ambiente externo das empresas é, por vezes, olhar para sua indústria de atuação. Mas você sabe o que é indústria neste sentido? O termo indústria é empregado de forma relativamente livre e engloba uma série de significados. Vamos trazer algumas definições:

- Um grupo de ofertantes de produtos / serviços concorrentes que sejam (na percepção dos potenciais clientes) substitutos entre si;
- Um grupo de fornecedores de uma gama qualquer de produtos que sejam adquiridos por uma determinada classe de clientes, independentemente de esses produtos serem substitutos entre si ou não. Exemplo: a indústria de defesa no sentido de se ter as Forças Armadas como cliente;
- Um grupo de fornecedores baseados em uma disciplina ou ramo do conhecimento comuns. Exemplo: engenharia e indústrias químicas;
- Um grupo de fornecedores que se utilizam de um tipo de matéria-prima ou de insumos comuns. Exemplo: a indústria de plásticos.

Para compreendermos a estrutura de uma indústria podemos utilizar a ferramenta denominada cinco forças da indústria, ou cinco forças competitivas, ou, ainda cinco forças de Porter (1996), professor da Universidade de Harvard que desenvolveu essa ferramenta. Vamos a ela:

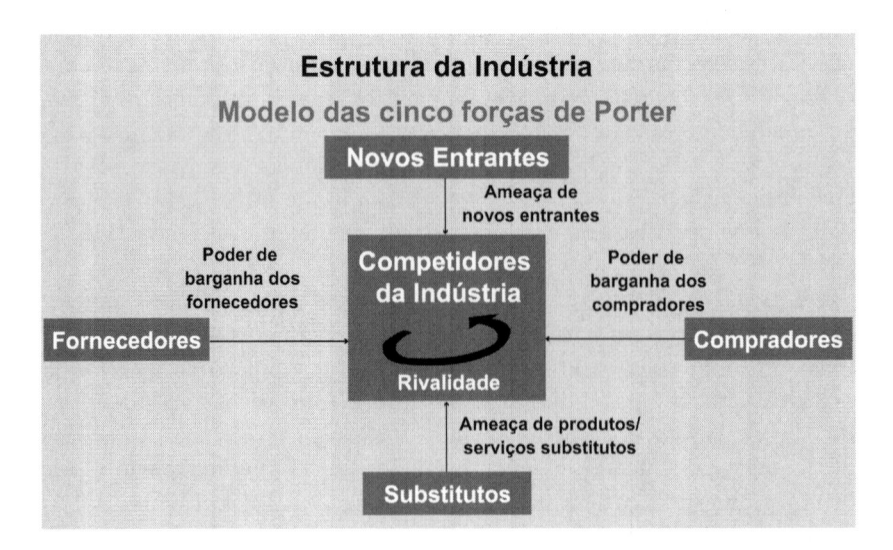

Pela figura notamos que há três determinantes da rentabilidade potencial de uma indústria, quais sejam:

- Fornecedores;
- Compradores;
- Concorrentes atuais e potenciais, sendo organizados em: a) concorrentes já atuando na indústria; b) entrantes potenciais; c) concorrentes de fora da indústria que produzam ou possam vir a produzir produtos / serviços substitutos.

O conjunto dessas forças determina o potencial de lucro final no setor, que é medido em termos de retorno de longo prazo sobre o capital investido. Os setores diferem em seu potencial de lucro final à medida que o conjunto das forças de competitividade entre suas organizações variam de setor para setor (PORTER, 2008).

Para o autor, clientes, fornecedores, potenciais novos concorrentes e produtos substitutos são todos agentes que podem exercer maior ou menor pressão sobre as empresas do setor. As próprias organizações concorrem entre si e são a quinta força competitiva a ser analisada. Juntas, essas cinco forças formam um conjunto que dirige a concorrência em cada setor de atividade específico. Em seguida, cada uma dessas forças será analisada e terá explicada suas características e o tipo de pressão que exercem no ambiente competitivo (BUENO, 2014). A análise da estrutura da indústria, por meio do modelo das cinco forças, serve a dois propósitos:

- Identificar quais os fatores que tendem a influenciar a intensidade de cada força em uma dada indústria em particular;
- Identificar ações que a empresa pode empreender de forma a se posicionar melhor em relação aos fatores influentes:
  - modificando as forças a seu favor;
  - desenvolvendo uma posição de custos mais baixos que seus concorrentes ou maior grau de diferenciação de forma a se proteger da pressão por preços baixos;
  - selecionando um segmento da indústria no qual as forças da estrutura da indústria sejam menos intensas.

Outro caminho é a empresa se "libertar" das fronteiras tradicionais da indústria, por meio da identificação de novas necessidades dos clientes ou de novas formas de atender às suas necessidades, inclusive com reconfiguração da cadeia de atividades. Apesar destas importantes análises, destacamos que o modelo das cinco forças pode não ser suficiente para entender a dinâmica competitiva de um setor, ainda que seja uma ferramenta fundamental e amplamente contributiva. Poderiam, por exemplo, ser considerados pela ferramenta os relacionamentos das empresas com os governos, com as mudanças tecnológicas e com o crescimento da demanda de mercado.

Depois de mais de 20 anos de uso global e após receber muitos elogios e críticas, o próprio Porter (2008) comenta sobre uma sexta força: o governo. Essa força exerce pressão sobre as demais e contribui para o aumento ou a diminuição da competição e o fortalecimento ou enfraquecimento de uma ou mais forças por meio de regulamentação e fiscalização dos agentes envolvidos em cada setor de atividades. Parece coerente pensarmos que alguns setores recebem maior pressão do governo que outros, e que essa presença governamental deve ser levada em consideração por muitas empresas. Contudo, é também importante compreendermos que Porter (2008) reluta em acrescentá-la ao seu modelo porque o governo não é, em si, uma natureza competitiva, uma vez que seu papel é de regulação e monitoramento, e não de competição. Por isso, ele advoga que a instância governamental age pressionando as cinco forças e seu papel e influência devem ser entendidos por meio delas, e não como uma ação direta e específica para a organização (BUENO, 2014). Vamos tecer mais considerações sobre as cinco forças:

– Os substitutos representam uma real ameaça se: exibem melhor relação preço-desempenho (isto é, preço e custos pessoais em relação aos atributos oferecidos ou às necessidades atendidas) do que os produtos / serviços que eles poderiam substituir; compradores têm baixos custos de mudança; comprador já está propenso a trocar de fornecedor.

– Os fornecedores são poderosos se: há significativa diferenciação entre os insumos fornecidos; não há insumos substitutos; custos de mudança dos fornecedores são menores que os das empresas da indústria; são relativamente concentrados (menos fornecedores do que empresas na indústria); volume de vendas para cada empresa é pouco significativo; há alto impacto dos insumos sobre a diferenciação das empresas da indústria; há baixo impacto dos insumos sobre o custo das empresas da indústria; podem se integrar verticalmente "para frente" mais facilmente do que as empresas da indústria "para trás".

– Os compradores são poderosos se: há insumos / produtos / serviços substitutos; se há menos compradores do que empresas na indústria; volume de compras de cada comprador é significativo; podem se integrar verticalmente "para trás" mais facilmente do que as empresas da indústria "para a frente"; possuem mais informações sobre as empresas na indústria (custos, alternativas, preços) do que estas sobre os compradores.

Além dos aspectos já mencionados, destaca-se que em mercados que concorrem por preço, com margem de lucro reduzida, a rivalidade entre os concorrentes tende a ser mais acirrada. Em contrapartida, quando os produtos apresentam diferenciação e a rentabilidade constante ou crescente, a rivalidade entre os concorrentes tende a ser mais amena, como ocorre, por exemplo, em alguns segmentos do setor farmacêutico.

✗ ANÁLISE EXTERNA NO MACROAMBIENTE

Conforme brevemente explicado no capítulo anterior, o macroambiente é composto pelo nível de variáveis sobre os quais a empresa normalmente tem menos controle ou nenhum controle (DAY, 1997). Vamos pensar em exemplos dentro de diferentes categorias:

- Na esfera econômica podemos trazer: inflação; taxas de juros; crescimento do PIB; abertura e liberalização da economia; balança de pagamentos; desvalorização da moeda; mercado de capitais; distribuição de renda; nível de poupança; padrão de gastos; oferta de crédito.

- Na dimensão tecnológica temos: ciclo de vida da tecnologia existente (taxa de obsolescência); perspectivas de inovações tecnológicas; orçamento em P&D do país; desenvolvimento / transferência de tecnologia pelo país; incentivos governamentais; regime de marcas e patentes; acesso à informação; *e-business*.

- Nas condições físicas temos: escassez de matérias-primas e recursos naturais (ar, água, florestas, recursos minerais); fontes de energia (alternativas, custo, esgotamento); disponibilidade de informação; infraestrutura e transporte; saneamento; telecomunicações; energia.

- Na categoria demografia temos: densidade populacional; taxa de crescimento; composição e distribuição da população (idade, gênero); mobilidade; processo migratório; população solteira, casada e divorciada; número de filhos; grupos étnicos.

- Na dimensão social temos: situação socioeconômica de cada segmento da população; nível de emprego; situação sindical; nível de especialização da mão de obra; estrutura social de poder; religião; papel dos gêneros; violência urbana.

- Na esfera cultural temos: linguagem oral e escrita; escolaridade; veículos de comunicação de massa; subculturas; movimentos (*hippies*, *yuppies*, saúde, misticismo); relação das pessoas: com os outros, consigo mesmas, com as instituições, com a sociedade, com a natureza, com a religião, com o tempo; rejeição a determinadas culturas.

- Na dimensão política, em sentido amplo, temos: fiscal e tributária; monetária; preços e gastos públicos; distribuição de renda; relações internacionais; estabilidade das regras e instituições; estrutura de poder; estatização e regulamentação; grupos de pressão; relações internacionais; globalização vs. blocos regionais.

- Na esfera legal temos: área tributária; área trabalhista; área comercial; legislação societária; proteção da concorrência (leis antitruste); proteção do consumidor; órgãos reguladores; regulação do capital estrangeiro; exportação e importação.

- Na dimensão ecológica temos: índices de poluição; legislação ambiental; papel do governo na proteção ambiental; consciência ecológica; tendências internacionais de restrições ambientais.

Estes exemplos não são exaustivos, o que significa dizer que podemos pensar em mais variáveis do macroambiente que podem influenciar a atividade de um negócio, como tendências globais, pandemias, entre outros aspectos. Trouxemos, então, as variáveis mais consagradas pela literatura de macroambiente. A esta altura você deve ter notado que há diversas variáveis a serem levadas em consideração quando o assunto é análise do macroambiente da empresa, não é mesmo? Como forma de organizar estas variáveis adotamos na academia um nome: modelo PESTEL de análise do macroambiente. Este modelo acaba trazendo uma síntese das variáveis mencionadas acima, e pode ser observado na figura:

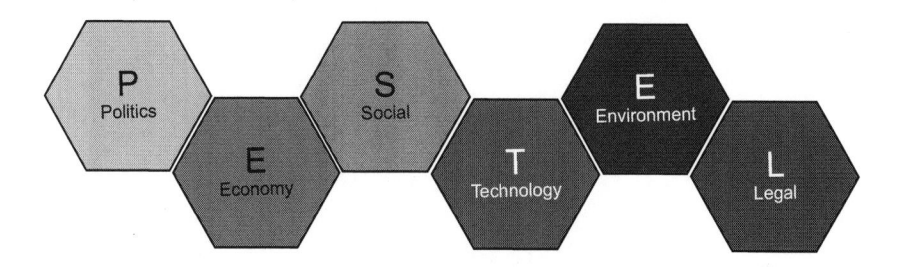

Fonte: Elaborado pelos autores.

O que o modelo nos traz, em essência, é a lembrança de fatores que não podem ficar de fora em nossa análise do macroambiente do negócio. Você já deve ter lido ou ouvido a seguinte frase: "informação é poder." O modelo PESTEL **(que em português significa político, econômico, social, tecnológico, ambiental e legal)** nos lembra disso, mais uma vez, pois sem informação esta análise não será contributiva para sua tomada de decisão.

CAPÍTULO 3

ETAPA DE DIAGNÓSTICO: A ANÁLISE INTERNA COM O USO DAS FERRAMENTAS DA ANÁLISE SWOT E DO MODELO VRIO

Sobre este capítulo 3, agradecemos especialmente ao professor Rodrigo Assunção Rosa, da Universidade Positivo, por ter trazido importantes ensinamentos sobre o surgimento e sobre conceitos relacionados à matriz SWOT. Muito obrigado pela jornada acadêmica compartilhada.

✗ AS FORÇAS E FRAQUEZAS DOS NEGÓCIOS

No contexto da estratégia analisar internamente uma empresa significa, grosso modo, olhar para seus pontos fortes e fracos. Estamos falando, portanto, de pontos que podem ser modificados, geridos, trabalhados, pela organização, e não de pontos que estão fora de sua competência de decisão. Isto nos ajuda a diferenciar o ambiente interno do ambiente externo nas organizações. Note que sobre o ambiente externo eu tenho, enquanto empresa, pouco ou nenhum controle. A inflação de um país está dentro do ambiente externo da empresa, e você pode notar que a empresa não tem capacidade de gestão sobre a inflação, concorda?

Isto também ocorre com outros aspectos do macroambiente organizacional, como as alíquotas dos impostos, os desastres naturais, a alta do dólar, uma mudança nas leis trabalhistas, e assim por diante. Todos estes elementos dizem respeito às decisões que não são tomadas no âmbito interno da empresa, diferentemente do que ocorre com o preço que pratica, o número de funcionários que possui, sua missão, e sua estratégia adotada, que dizem respeito ao seu ambiente interno. Sendo assim, devemos ter clareza sobre o próprio conceito de forças e fraquezas organizacionais, conforme segue:

– Forças: características da empresa ou suas competências (produto/ serviço, conhecimentos, estrutura e processos organizacionais, pessoas, relacionamentos etc.) que lhe conferem vantagem competitiva no atendimento às necessidades do mercado;

– Fraquezas: limitações internas que dificultam o desenvolvimento ou a implementação da estratégia.

Com as definições lidas em mente, veja a seguinte lista, elaborada para fins didáticos, e não exaustiva, que trata de exemplos de forças e fraquezas que empresas podem ter com base em diversas categorias de análise:

Produto
- Características e atributos
- Reputação e marca
- Qualidade
- Amplitude e profundidade da linha
- Serviços ao cliente

Operações
- Posição de custo: economias de escala, aprendizado, equipamentos
- Localização (inclusive custos de transporte e de mão de obra)
- Capacidade
- Flexibilidade
- Acesso a insumos
- Grau de integração vertical

Pesquisa e Inovação
- Patentes e direitos autorais
- Capacitação para pesquisa: básica, produto, processo, imitação e engenharia reversa
- Acesso a fontes externas: clientes, fornecedores, universidades

<u>Revenda e Distribuição</u>
- Cobertura e qualidade dos canais
- Relacionamento com canais

<u>Marketing e Vendas</u>
- Conhecimento das necessidades dos clientes
- Habilidade em pesquisas de mercado
- Capacitação da força de vendas

<u>Organização</u>
- Cultura
- Comunicação e fluxo da informação
- Propensão / Aversão ao risco
- Consistência entre estrutura organizacional e estratégia
- Flexibilidade

<u>Capacidade Gerencial e Administrativa</u>
- Capacitação dos gerentes
- Liderança
- Coordenação
- Planejamento e controle

<u>Empregados</u>
- Idade, flexibilidade e adaptabilidade
- Atitude e motivação

<u>Financeiro</u>
- Capacidade de endividamento
- Gerência de estoques e de contas a pagar / receber
- Exposição a flutuações (taxas de juros e de câmbio)
- Suporte da matriz

<u>Base de Clientes</u>
- Tamanho e fidelidade
- *Market share* atual e taxa de crescimento
- Sensibilidade a preço

Relacionamentos Externos
- com governos e legisladores
- com entidades reguladoras e sindicatos
- com comunidade e grupos de interesse

Note que estes tópicos de cada categoria compõem as fortalezas da empresa, quando esta as possui, ou suas fragilidades, quando os concorrentes "passam a sua frente", ou quando ela mesma deixa de cumprir certas exigências básicas do mercado.

Vamos pensar em um exemplo prático. Imagine, de forma fictícia, uma cooperativa do agronegócio produtora de café localizada no Estado de São Paulo. Quais seriam seus pontos fortes e seus pontos fracos? Abaixo trazemos algumas possibilidades:

Forças	Fraquezas
• Flexibilidade para produzir vários produtos	• Descasamento entre custos (em reais) e receitas (em dólares)
• Marca reconhecida	
• Custos baixos (produção, logística, insumos) em função de alta escala e da produtividade brasileira	• Endividamento pós-fixado (pode ser força, a depender da expectativa de variação dos juros de mercado)
• Economias por experiência	• Processos falhos de avaliação de terras para aquisição
• Menores custos logísticos em função de localização próxima à infraestrutura de escoamento	• Pressões regulatórias e fiscalizadoras, em função da alta visibilidade
• Posse de terras altamente produtivas	
• *Know-how* de técnicas de cultivo (em função de investimentos em pesquisa)	

Forças	Fraquezas
• Sistema informatizado p/ relacionamento com fornecedores (troca de info, redução de custos)	
• Monitoramento por satélite para controle de pragas da lavoura	
• Certificações de qualidade e de práticas ambientalmente corretas	
• Bom clima interno de trabalho	
• Administração profissionalizada	

Note que a análise do ambiente interno deste negócio nos leva a concluir que ela possui mais pontos fortes em sua atuação do que pontos fracos, o que não significa dizer, necessariamente, que ela está com vantagens sobre seus concorrentes, pois para podermos realizar tal afirmação teríamos, obviamente, que investigar os pontos fortes e fracos deles, missão conduzida pela análise externa de mercado, como vimos no capítulo anterior, e não pela análise interna. Ainda sobre este ponto, um erro infelizmente comum entre os gestores, ao analisarem as fortalezas e fraquezas de suas empresas, é o de partirem do pressuposto que cada ponto forte e cada ponto fraco possuem mesmo peso em sua atuação. Isto nunca será verdade! Posto de outro modo, há sempre categorias de forças e fraquezas que se destacam sobre as demais.

Seguindo o exemplo citado, eu não posso partir do falso pressuposto de que ter um sistema informatizado tem o mesmo peso no mercado do que baixos custos de produção, você concorda? É necessário, portanto, conhecer muito bem a realidade de sua empresa para poder compreender o peso de cada força e de cada fraqueza em sua atividade. Outro exemplo poderia estar em uma pizzaria que interpreta que o ótimo sabor de suas pizzas é um ponto forte igual em importância quando comparado ao tipo de forno utilizado. Ora, ambas as variáveis são relevantes, mas todo negócio deve ser capaz de compreender quais são suas fragilidade e fortalezas essenciais. Alguns teóricos da Administração dão a isto o nome de fatores críticos de sucesso.

Como consequência do que foi visto, note que uma empresa deve se ver não apenas como um portfólio de produtos / serviços, mas também como um portfólio de competências essenciais. É deste modo que poderá explorar seus pontos fortes e minimizar suas fraquezas. Nesse sentido, os produtos / serviços comercializáveis são os frutos visíveis, ou seja, a forma pela qual determinados benefícios são oferecidos ao mercado. As competências essenciais são as raízes, que levam ao desenvolvimento de (novos) frutos.

Fonte: Domínio público.

✗ SWOT *(STRENGTHS, WEAKNESSES, OPPORTUNITIES AND THREATHS)*

A ferramenta que sistematiza os pontos fortes e fracos das empresas é conhecida como análise SWOT *(strengths, weaknesses, opportunities and threaths)*, em português traduzida como FOFA (forças, oportunidades, fraquezas e ameaças). Esta ferramenta pode ser utilizada tanto para a análise do ambiente interno dos negócios quanto para a análise do ambiente externo. Optamos por incluí-la neste capítulo porque a esta altura você já possui os conhecimentos necessários sobre análise do ambiente externo (capítulo anterior), e assim poderemos utilizar a ferramenta, neste capítulo, para ambas as finalidades. Veremos que se trata de uma das principais ferramentas de gestão estratégica das empresas, e que seu uso pode auxiliar gestores de diferentes segmentos no diagnóstico estratégico e, como consequência, em sua formulação estratégica.

A origem da ferramenta SWOT confunde-se em grande parte com a história da administração estratégica. Sua criação é influenciada principalmente por uma das escolas precursoras do campo entre as décadas de 1950 e 1970: a escola do Design. Embora não se tenha certeza a respeito da origem do termo, pesquisadores da *Harvard Business School* tiveram grande influência no desenvolvimento das ideias que geraram a ferramenta, tais como, Albert Smith Jr., Carl Roland Christensen e Kenneth Andrews. Entretanto, geralmente sua origem tem sido atribuída ao consultor Albert Humphrey, na época, professor associado ao *Stanford Research Institute*.

A preocupação dos autores da escola do Design estava basicamente no alinhamento entre as capacidades internas da empresa às oportunidades externas do ambiente. Para os estudiosos da época, a criação e implementação de uma estratégia bem sucedida deveria ser derivada da avaliação prévia das oportunidades e ameaças do ambiente externo, definindo assim os fatores-chave de sucesso, e da avaliação interna das forças e fraquezas da organização, possibilitando verificar as competências distintivas frente às questões de seu ambiente de atuação. De acordo com o pensamento dessa escola, fatores relacionados à macroeconomia, política, mercado, sociedade e tecnologia devem ser consideradas ao avaliar o ambiente externo, como já vimos no capítulo anterior. Já no âmbito interno, as práticas e as formas de ação da empresa, bem como o conhecimento das estruturas e capacidades internas, merecem atenção na forma como estão internalizadas.

Por parte dos pesquisadores, a compreensão era de que o processo de desenvolvimento da estratégia empresarial é um processo racional e deliberado, que está sob responsabilidade exclusiva dos executivos principais ou dos gerentes gerais. As estratégias resultantes das análises interna e do ambiente deveriam ser apresentadas de maneira explícita, simples e específica, para o melhor entendimento dos membros da organização. Apenas após a criação de uma estratégia formal é que elas poderiam ser implementadas, havendo a separação entre pensamento e ação, entre quem planeja a organização e quem executa as estratégias organizacionais.

Desde sua origem, a análise SWOT vem sendo adaptada de diferentes formas, indo muito além das proposições realizadas pela escola do Design.

A SWOT se tornou uma importante ferramenta estratégica e é utilizada em grande parte dos cursos de Graduação, MBA, consultorias, empresas, e até mesmo em estudos científicos internacionais e nacionais na área de Administração. A compreensão de sua utilização e de sua utilidade para diagnóstico, criação, implementação e controle de estratégias empresariais são fatores que consideramos relevantes para os estrategistas, que em algum momento precisarão lidar com avaliações da empresa e do ambiente externo, na busca de vantagem competitiva frente aos concorrentes.

✗ DEFINIÇÃO E POSSÍVEIS USUÁRIOS DA ANÁLISE SWOT

Embora as teorizações desenvolvidas pela escola do Design tenham limitado a responsabilidade sobre processo de criação de estratégias aos estrategistas do topo e a determinados tipos específicos de empresa, o uso cotidiano da ferramenta tem revelado uma realidade muito diferente, evidenciando que o seu uso pode envolver diferentes membros da organização e de *stakeholders* (partes interessadas na atividade da organização), como executivos do topo, gestores intermediários e consultores.

A análise SWOT pode ser aplicada nos mais diferentes tipos de organização, tais como privadas, públicas e organizações não governamentais; em variados setores da indústria, como o turismo, varejo, agroindústria, educação e saúde; e também em diferentes níveis de análise, como em países, regiões, organizações, e até mesmo em indivíduos, uso este cada vez mais frequente na área de gestão de pessoas, para diagnosticar características e potencial de crescimento de executivos. Destaca-se, também, que empresas de diferentes portes – microempresas, pequenas empresas, médias empresas e grandes empresas, sejam estas nacionais ou multinacionais, podem fazer uso da ferramenta. A SWOT pode ser decomposta em uma matriz 2 x 2 a partir da análise interna (forças e fraquezas) e externa (oportunidades e ameaças) organizacional, conforme a figura abaixo:

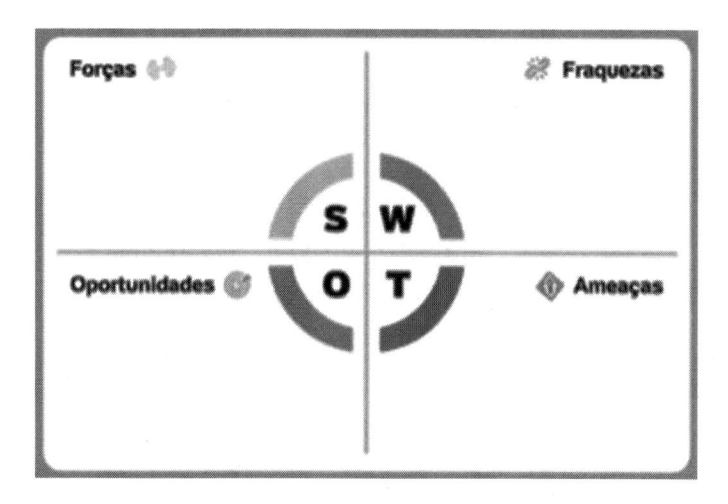

Fonte: Elaborado pelos autores.

Na análise interna, as forças são definidas como os fatores que auxiliam a organização a atingir seus objetivos, trazendo benefícios ao negócio e podendo trazer vantagem em relação à concorrência; do contrário, as fraquezas irão contar com elementos que irão dificultar tais vantagens. O diagnóstico das forças e fraquezas internas deve levar em consideração uma série de variáveis organizacionais, tais como os recursos e ativos utilizados na empresa, sua estrutura, as competências individuais dos funcionários, as rotinas e capacidades construídas, entre outros elementos internos que podem auxiliar ou atrapalhar a organização em seu cenário de atuação. A definição dessas variáveis dependerá das problemáticas enfrentadas pelos estrategistas e de suas intenções no processo de criação das estratégias.

Já no diagnóstico do ambiente externo, a lógica é muito semelhante ao da análise interna, contudo, nesse diagnóstico há uma preocupação com fatores relacionados ao ambiente além dos limites da organização. Como já vimos, geralmente os fatores externos à organização não estão sob seu controle, envolvendo condições de incertezas e riscos devido à característica de imprevisibilidade e de dinamicidade do ambiente. Nesse aspecto, as oportunidades correspondem aos elementos externos que poderão afetar positivamente a organização, criando um cenário favorável às estratégias pretendidas e ao rumo do negócio, enquanto que as ameaças serão as condições desfavoráveis que podem atrapalhar. Assim como na análise interna, os fatores a serem considerados podem ser os mais variados, tais como as condições macroeconômicas e políticas em que a empresa está inserida, as ações da concorrência e dos fornecedores, e o comportamento de seus consumidores.

O escritório da empresa, suas fábricas e suas reuniões e decisões realizadas no interior da empresa formam parte de seu ambiente interno. O ambiente externo, por sua vez, relaciona-se ao "mundo exterior à empresa", em que podemos destacar seus clientes, fornecedores, ambiente político e social com o qual se relaciona, entre outros. A compreensão de ambos os ambientes é fundamental para a adequada utilização da ferramenta. Nossa experiência como gestores e professores nos mostra que alguns dos erros mais frequentes de alunos e gestores ao utilizarem a ferramenta reside na confusão sobre o que deve ser classificado como ambiente interno e o que deve ser classificado como ambiente externo ao construir a matriz SWOT. Vamos a um exemplo em uma pequena empresa fictícia para o esclarecimento desses pontos:

✗ EXEMPLO DE APLICAÇÃO: O CASO BONECÁRIO

A Bonecário é uma fábrica de bonecas que atua na cidade dos Sonhos, no interior do estado de Arco-íris. Esta empresa fabrica bonecas de todos os tipos, para crianças e também para adultos. A Bonecário começou suas atividades em fevereiro de 2016, e tem como principal diferencial a velocidade com que sua operação fabril é realizada: "Aqui conseguimos produzir uma boneca em apenas cinco minutos, de seu contorno, primeira etapa do processo produtivo, até a colocação de seus adereços, última etapa de nossa esteira de produção", afirma o supervisor da fábrica. O gerente de qualidade, por sua vez, comenta sobre a qualidade alcançada pela empresa: "Não aceitamos falhas e nossos engenheiros estão a postos para garantir que não teremos erros no decorrer do processo. Calculamos os pontos críticos da fabricação e indicadores importantes de nossa produtividade, como o tempo médio que levamos para a fabricação das bonecas, o desvio padrão dessa fabricação e as probabilidades de ocorrência de eventuais percalços no processo."

Com esse sistema a Bonecário está se tornando um dos principais *players* no segmento de bonecas da cidade, segmento este que tem crescido nos últimos anos devido ao aumento na demanda por este tipo de produto. Atualmente a empresa fornece seus produtos para grandes lojas de brinquedos, como a Brinque Mais e a Diversão Garantida, grandes redes que planejam aumentar seus volumes de compras de bonecas exclusivas da Bonecário no próximo trimestre. Como objetivo de crescimento, a empresa pretende ampliar suas operações, por meio da compra de novas fábricas em municípios que possuem políticas tributárias mais vantajosas em relação aos impostos indiretos, como ISS e ICMS, o que poderá resultar em redução de custos à Bonecário.

Apesar das boas possibilidades para o futuro, nem tudo são flores na empresa, conforme afirma sua diretora de Recursos Humanos: "A empresa cresceu rápido demais, e isso também nos trouxe problemas. A verdade é que o ambiente demasiadamente competitivo tem afastado as pessoas, e isso tem gerado diversos problemas de comunicação entre (e dentro) de nossas áreas. Como exemplo, o pessoal de Vendas simplesmente não aceita dialogar com os colegas do Marketing, e vice-versa. Além disso, os clientes frequentemente reclamam sobre a demora de atendimento de nossa Central, e da falta de cortesia de nossas atendentes."

Outro ponto negativo para a Bonecário refere-se ao novo governo que entrará na cidade, formado por políticos corruptos que pretendem cobrar pesadas tarifas de luz. Como os gastos com eletricidade já são altos para a empresa, devido à sua atividade fabril, os gestores da Bonecário estão temerosos com essa mudança política. Além disso, um antigo gerente da empresa montou uma concorrente, que conta com um modelo de negócio bastante similar ao da Bonecário, e que também atuará na cidade dos Sonhos. Diante de tantos desafios, a empresa terá que se reinventar para manter-se competitiva nos próximos anos no mercado em que atua.

A partir das informações do caso, podemos pensar na montagem da matriz SWOT para a Bonecário. Conforme mencionado, ao montarmos a matriz devemos pensar nos ambientes internos e externos da empresa, e em como estes ambientes ajudam ou atrapalham em sua atividade. Como sugestão, vamos elencar, interpretando o texto, constatações favoráveis a Bonecário. Chegaremos às seguintes:

(a) A empresa é rápida em sua produção;

(b) O processo fabril possui baixo número de erros;

(c) As bonecas produzidas têm qualidade;

(d) Existe um aumento de procura por bonecas na cidade dos Sonhos;

(e) As grandes redes almejam trabalhar mais com a Bonecário;

(f) Existe a possibilidade de ampliação da empresa para um município que reduzirá os custos tributários da empresa.

Pensemos agora nas constatações desfavoráveis para a empresa. Chegaremos às seguintes:

(g) Há diversos problemas de comunicação entre seus colaboradores;

(h) O atendimento feito pelas centrais demora demasiadamente;

(i) As atendentes não têm cortesia no trato com os clientes;

(j) O governo eleito pretende adotar altas tarifas elétricas;

(k) Possivelmente a cidade dos Sonhos tornar-se-á mais corrupta nos próximos anos;

(l) A concorrência direta sobre a Bonecário está aumentando.

Bem, uma vez organizadas as informações, entre positivas e negativas, temos que pensar em como classificá-las no ambiente externo ou interno da empresa. Conforme visto no início do capítulo, esse é um momento crítico na construção da ferramenta. O que é positivo e faz parte do ambiente interno da empresa? Pensando de forma simplificada, a velocidade de sua operação, seu baixo número de erros na produção e a qualidade de suas bonecas são constatações referentes a seu ambiente interno, pois estão "dentro das portas" da empresa, sendo diretamente controláveis pela organização.

Perceba que há outros pontos positivos para a empresa, mas que não estão nem em seu escritório, nem em sua fábrica, tampouco são diretamente decididos por seus gestores. Podemos pensar no aumento da demanda por bonecas, no interesse das novas redes pela Bonecário e na possibilidade de ampliação para municípios com melhores políticas tributárias. Vejam que estas decisões, apesar de serem influenciáveis pela Bonecário, não pertencem a ela, pois cabem, respectivamente, aos seus clientes (demanda), aos parceiros (grandes redes) e aos governantes (política tributária).

Em contrapartida, o que é negativo e faz parte do ambiente interno da empresa? Neste caso temos os problemas de comunicação, a demora de atendimento nas centrais e a falta de cortesia das atendentes. De forma análoga aos pontos positivos, note que estas constatações são diretamente geridas pela empresa, contemplando, por conseguinte, seu ambiente interno. Perceba que há outros pontos negativos para a empresa, sobre os quais ela tem baixo poder de influência e ação, como os relacionados ao governo (tarifas elétricas e corrupção) e aos concorrentes (instalação de modelos de negócios similares).

Como consequência, percebemos que uma forma de classificar de qual ambiente estamos falando refere-se, primeiro, se estamos analisando algo que ocorre dentro (no âmbito) da própria empresa, ou se estamos falando de algo que ocorre fora dela, ou seja, no mercado em que atua. Além disso, como segundo ponto, quando a empresa não possui poder direto de decisão, salvo exceções (como controle direto sobre governantes), estamos falando de ambiente externo; em contrapartida, quando a empresa possui poder direto de decisão (como o que há sobre o tipo de treinamento de seus funcionários), grosso modo, estamos falando de seu ambiente interno. Diante do exposto, abaixo está um exemplo de como poderia ser montada a análise SWOT da Bonecário:

SWOT		POSITIVOS	NEGATIVOS
INTERNOS (Organização)		PONTOS FORTES:	PONTOS FRACOS:
		(a) Velocidade de sua operação fabril;	(g) Problemas de comunicação entre colaboradores;
		(b) Baixo índice de erros na produção;	(h) Demora de atendimento das centrais;
		(c) Qualidade das bonecas fabricadas.	(i) Falta de cortesia das atendentes.
SWOT		POSITIVOS	NEGATIVOS
EXTERNOS (Ambiente)		OPORTUNIDADES:	AMEAÇAS:
		(d) Aumento de demanda por bonecas;	(j) Tarifas elétricas pretendidas pelo novo governo;
		(e) Aumento de interesse de grandes redes pela Bonecário;	(k) Aumento de corrupção na cidade;
		(f) Atuação em município com política tributário vantajosa.	(l) Aumento de concorrência direta.

Agora que a matriz está construída, como podemos interpretá-la? Bem, uma das possíveis formas de interpretarmos a matriz seria a seguinte:

i. atuarmos sobre seus pontos fracos, fortalecendo-os no ambiente interno da organização. Sinteticamente, a Bonecário deve melhorar a comunicação entre suas áreas e deve investir na melhoria de seu atendimento. Atuando dessa forma estes tópicos podem ser fortalecidos e, em um cenário otimista, podem tornar-se pontos fortes da empresa;

ii. as ameaças, conforme vimos, pertencem ao ambiente externo da organização e, por essa razão, são mais difíceis de serem controladas pelas empresas e gestores. Como consequência disso, é fundamental que a empresa consiga identificar o maior número de ameaças possível e que tente, mesmo que indiretamente, influenciá-las ou agir sobre elas. Por exemplo, qual é a relação da empresa com o governo no caso supracitado? Poderia ela defender a manutenção das tarifas elétricas vigentes? De que forma? Essas são perguntas que gestores devem tentar responder na tentativa de defender-se contra as ameaças impostas pelo mercado;

iii. em relação aos pontos fortes, a empresa deve procurar explorá-los ao máximo. Alguns cenários são possíveis nesse tópico. O primeiro refere-se ao fortalecimento ainda maior de pontos já existentes. Seria o caso de melhorar ainda mais a qualidade das bonecas fabricadas, por exemplo. O segundo, por sua vez, refere-se à manutenção destes pontos já existentes, e o terceiro refere-se ao surgimento de novos pontos fortes da empresa, como, por exemplo, a praticidade que seu produto gera aos consumidores, ou, ainda, a transformação de um ponto fraco em ponto forte, como excelência no atendimento aos clientes;

iv. como último tópico, a empresa, obviamente, deve ser capaz de explorar ao máximo suas oportunidades, exploração essa que pode tornar-se fonte de vantagem competitiva para ela. Por exemplo, ela sairia na frente de seus concorrentes ao atuar no município que possui política tributária mais favorável? De que forma? Quais seriam as consequências dessa expansão? Qual é o risco atrelado à oportunidade mapeada? Essas são algumas das perguntas que devem ser respondidas também com a finalidade de verificar quais são os custos de oportunidade relacionados ao aproveitamento das oportunidades existentes.

Cabe destacar que o caso trazido, evidentemente, não tem o intuito de esgotar as análises internas e externas de uma empresa, tampouco de esgotar as possíveis interpretações sobre o uso da matriz SWOT. O objetivo, ao contrário, é o de explorar didaticamente como alunos e gestores podem construir e analisar essa ferramenta estratégica dentro das organizações. Seguindo com essa proposta, devem ser destacadas algumas recomendações para a construção da matriz. Sobre a compreensão dos quadrantes, é fundamental se ter clareza sobre o que compõe o ambiente interno e o ambiente externo da organização para não haver equívocos ao construir a matriz; além disso, é necessário mapear de forma criteriosa os tópicos de análise. Sobre a seleção de tópicos e interpretação da matriz, procure especificar ao máximo os tópicos presentes na matriz. Por exemplo, falar em inflação como uma ameaça a sua empresa é algo muito genérico que pouco trará de informações relevantes para sua análise. Como a referida inflação afetará suas operações? De que tipo de inflação estamos falando? É necessário aprofundar as análises ao construir a matriz de forma a facilitar as tomadas de decisões.

✗ O MODELO VRIO (VALOR, RARIDADE, IMITAÇÃO E ORGANIZAÇÃO)

Como primeiro ponto, devemos ter em mente que o modelo VRIO é fruto de uma abordagem teórica maior, denominada Visão Baseada em Recursos (VBR). Esta abordagem defende que os recursos organizacionais são as principais fontes da competitividade de um negócio, para o bem e para o mal. A VBR trabalha com os recursos que podem ser controlados pela empresa, em que esta terá uma vantagem competitiva quando a totalidade, ou ao menos importante parcela do mercado, preferir seus produtos e/ou serviços. Ocorre que, com exceção de finalidades especulativas de alguns empresários, isso não pode se dar em uma relação de curto prazo, pois é do interesse das empresas a perpetuidade do lucro decorrente de sua atuação junto aos clientes.

Na perspectiva da VBR, a formação de estratégias, a partir da observação do ambiente interno, levará em conta que a empresa é um conjunto de recursos. Recursos são todos os ativos, capacidades e processos organizacionais, informações e conhecimentos controlados por uma empresa. Existem os recursos tangíveis, como carros, aparelhos eletrônicos, e outros recursos intangíveis, que são caracterizados pelo capital humano e pelo capital organizacional, tais como:

- treinamento;
- inteligência;
- relacionamentos;
- inovação.

Nesse sentido, os recursos tangíveis são ativos que podem ser vistos e quantificados. Já os recursos intangíveis incluem ativos que, normalmente, estão profundamente enraizados no histórico da empresa e foram acumulados com o tempo. Para se ter uma ideia, a reputação organizacional também pode ser classificada como um recurso, pois sem ela é muito difícil que uma empresa consiga manter a oferta de seus produtos/serviços. Posto de outro modo, recursos organizacionais podem ser vistos como os fatores tangíveis e intangíveis que permitem a oferta e manutenção de seus produtos em seu mercado de atuação. Se a reputação de uma empresa é destruída, faz sentido pensarmos que ela terá enormes dificuldades para se manter.

Segundo Barney e Hesterly (2007), um dos principais nomes desta visão, a VBR deve ser utilizada para ajudar os gestores a identificar quais recursos e competências podem ser fontes de vantagem competitiva sustentável. Destaca-se que o termo "sustentável" aqui diz respeito a algo que se sustentando com o passar do tempo.

Os principais constructos da VBR são apresentados pelas seguintes proposições:

- A análise do ambiente interno, em termos de seus recursos, conduz a critérios mediatos diferentes da perspectiva tradicional de produtos;
- É possível identificar tipos de recursos que podem conduzir a altos lucros e que servem de barreiras à entrada de concorrentes e que produzem uma posição singular para a organização que os detêm;
- A aquisição e fusão com outras empresas pode ser vista como a compra de um pacote de recursos em um mercado altamente imperfeito quanto à distribuição e o acesso aos mesmos.

Desta visão origina-se a ferramenta que ficou conhecida como modelo VRIO. Esta sigla significa valor, raridade, (dificuldade) de imitação e (boa) organização dos recursos. Em síntese, o modelo defende que se os diversos recursos de dada empresa apresentarem estes elementos, provavelmente estaremos diante de uma empresa que possui o que a literatura denomina por vantagem competitiva de longo prazo, ou vantagem competitiva sustentável, tidos como sinônimos para esta análise. Vamos pensar em um exemplo e interpretar seus resultados. Imagine uma lanchonete tradicional.

Consideremos, para ela, a seguinte tabela do modelo VRIO já preenchida:

Recurso e contexto	Valor	Raridade	Dificuldade de imitação	Boa organização	Resultado
1. mão de obra não qualificada e desmotivada. Ex.: recepcionista da lanchonete	não				desvantagem competitiva
2. maquinário adequado para o produto. Ex.: chapa para a preparação de lanches	sim	não			igualdade competitiva
3. um novo tipo de recheio saboroso no mercado, porém facilmente reproduzível	sim	sim	não		vantagem competitiva de curto prazo
4. localização privilegiada no centro da cidade, em região de difícil entrada de novos concorrentes, mas oferece atendimento ruim	sim	sim	sim	não	vantagem competitiva não aproveitada
5. oferece aos clientes uma pimenta caseira (de receita secreta) para os lanches que há mais de 30 anos é famosa por toda a cidade.	sim	sim	sim	sim	vantagem competitiva de longo prazo

De que forma podemos interpretar essa tabela? Bem, vamos começar pela primeira coluna, em que inserimos uma série de recursos e suas respectivas interpretações. Para esse exemplo foram escolhidos apenas cinco recursos organizacionais para análise. Entre estes recursos listamos a mão de obra, o maquinário, componentes do produto (como seu recheio e sua pimenta), e também a localização do negócio.

A partir desta construção, notamos que o único recurso que não tem valor, isto é, que não gerará procura pelo mercado (muito pelo contrário), é a falta de qualificação e desmotivação da mão de obra. Ora, o mercado não quer isso, você concorda? Neste caso não devemos seguir o preenchimento desta linha da tabela, pois se este recurso nem valor possui não há sentido lógico em preencher as demais linhas e chegaremos à interpretação de que este recurso, de forma isolada, isto é, olhando somente para ele, "contribui" para uma desvantagem competitiva desta lanchonete. Isto não significa que o negócio está fadado ao fracasso em virtude deste recurso, mas devemos interpretá-lo como sendo um ponto negativo em termos de competitividade.

Dando sequência à tabela temos o exemplo de um recurso físico, neste caso uma máquina, também conhecida como chapa, para que os lanches possam ser preparados. Note que este recurso tem seu valor, pois ele é fundamental para a preparação e entrega dos produtos, ao mesmo tempo em que ele não é raro, no sentido de ser encontrado em uma séria de lanchonetes. Neste caso o preenchimento da tabela VRIO deve cessar no preenchimento do campo raridade, e chegaremos ao resultado lógico de que esse produto, isoladamente, contribui para uma igualdade competitiva para o negócio. Posto de outro modo, não será a chapa o principal elemento da empresa para alcançar vantagem competitiva.

Avançando na tabela começamos a lidar com os recursos que podem levar a cenários de vantagem competitiva para o negócio. Começando pelo novo tipo de recheio saboroso, porém facilmente reproduzível, chegaremos facilmente a um cenário em que este recurso, interpretado de forma isolada, contribui para uma vantagem competitiva que deve durar pouco (de curto prazo), pois se ele é valioso e facilmente copiável é bem possível que a concorrência também o ofereça em futuro próximo.

Diferentemente da vantagem competitiva de curto prazo, podemos analisar também a vantagem competitiva não aproveitada, esta representada pelo recurso "localização privilegiada no centro da cidade, em região de difícil entrada de novos concorrentes, mas oferece atendimento ruim." Note que neste caso as decisões para que o recurso leve a uma vantagem competitiva de longo prazo (sustentável) estão nas mãos da própria empresa, que no exemplo trazido acaba por desperdiçar essa oportunidade. É um cenário em que o potencial da vantagem competitiva não é suficientemente aproveitado pelo negócio, que tem poder de gestão para interferir naquele recurso, mas que não o faz de maneira a aumentar sua competitividade.

Por fim, na tabela, temos o que todo recurso gostaria de ser: valioso, raro, difícil de imitar e bem organizado pela empresa. Em nosso exemplo fictício este recurso será a pimenta caseira, de receita secreta, famosa na cidade há mais de 30 anos. Este foi um tipo de homenagem ao exemplo original trazido por Jay Barney, criador do VRIO, no artigo de Vasconcelos e Brito (2004), em que ele utilizou o molho caseiro como o grande recurso gerador de vantagem competitiva sustentável em um carrinho de cachorro quente.

No exemplo trazido optamos por escolher apenas um recurso para cada categoria de resultado, mas em sua empresa recomendamos que você faça uma grande lista com uma série de recursos de seu negócio. Assim a ferramenta te auxiliará de modo mais preciso em sua tomada de decisão. Aqui vão alguns cuidados finais para o uso dessa ferramenta:

- não parte do pressuposto de que cada recurso possui mesmo grau de importância para o sucesso de seu negócio;
- crie uma grande lista de recursos para que seu mapeamento tenha maior acurácia;
- tenha informações que te levem a realizar um julgamento dos recursos que seja condizente com a realidade;
- sua empresa estará bem, em termos de competitividade, especialmente se ao menos uma parte razoável de seus recursos estiver contribuindo para uma vantagem competitiva de longo prazo para o negócio, isto é, sustentável no tempo.

Com base na análise SWOT e no modelo VRIO, apresentados nesse capítulo, você terá realizado uma análise robusta para seu negócio. Quando conhecemos nossos pontos fortes, nossos pontos fracos, mapeamos as oportunidades e as ameaças, e conhecemos com profundidade os recursos que estão nos levando à vantagem ou desvantagem competitiva, nos munimos de um forte arsenal a ser utilizado no competitivo mundo dos negócios.

CAPÍTULO 4

ETAPA DE FORMULAÇÃO: OS ELEMENTOS DO "CORAÇÃO" DA ESTRATÉGIA E AS METAS DO TIPO SMART

Sobre este capítulo 4, agradecemos especialmente ao professor Jorge Carneiro, da EAESP/FGV, por ter trazido alguns bons exemplos de missão e visão organizacional, e também pelos ensinamentos muito valiosos.

✖ INTRODUÇÃO

Além de traçar um bom diagnóstico do mercado em que desejamos atuar, a formulação de nossa estratégia é fundamental para o sucesso do negócio. Isto ocorre porque vivemos em um mundo em que a competição é cada vez mais acirrada. Pensar de modo estratégico significa ter visão de longo prazo, significa conhecer sua empresa e seu mercado de atuação e significa, principalmente, diferenciar-se de seu concorrente por meio da entrega de maior valor agregado para seu público alvo (clientes).

Formular nossa estratégia envolve aspectos como a definição de nossos grandes objetivos, o estabelecimento de nossa missão e visão organizacional e também a clareza sobre os valores que temos enquanto organização. Estes conceitos serão fundamentais, portanto, para que você tenha um pensamento estratégico no âmbito das organizações. Vamos a eles.

A formulação, etapa fundamental do processo estratégico, e foco desta aula, envolve a direção da estratégia e também a escolha da estratégia em si. Na direção estratégica temos como elementos:

- Visão;
- Valores;
- Definição da missão;
- Fatores críticos de sucesso;
- Estabelecimento de objetivos.

Na estratégia, foco do próximo capítulo, temos como algumas possibilidades: estratégia de liderança em custos, estratégia de diferenciação, estratégia de atuação em nicho de mercado, estratégia de variedade, estratégia de suporte, estratégia de qualidade, entre outras possíveis. A escolha pela estratégia se dá nesta fase de formulação, mas sua execução, como o nome já sugere, ocorre posteriormente, razão pela qual optamos por tratar das estratégias em si no capítulo seguinte dessa obra (implementação estratégica). Vamos agora definir os elementos da direção estratégica:

- Visão – ideal de referência, "aquilo que a empresa deseja alcançar";
- Valores – linha filosófica/ princípios organizacionais;
- Definição da missão – razão de ser da empresa. É seu propósito central;
- Fatores críticos de sucesso – ocorrências que podem impedir o êxito da organização, ou que são de caráter estratégico para seu sucesso;
- Estabelecimento de objetivos – que devem ser pautados por metas relevantes e específicas de desempenho sobre cada uma das áreas cobertas pela missão.

Com base no que foi exposto, destaca-se também que a estratégia pode ser definida como as formas pelas quais a empresa busca realizar sua missão e objetivos. Ela se diferencia, assim, das táticas e/ou políticas, pois estas últimas são ações específicas para implementação, ou execução, das estratégias.

✗ VALORES, CREDO E CRENÇAS

São os princípios filosóficos, éticos e morais que norteiam o comportamento e a postura da empresa. Vamos a exemplos:

- Microsoft (2022): integridade e honestidade; abertura e respeito; vontade de abraçar grandes desafios; atitude crítica; responsabilidade; paixão por tecnologia, parceiros e clientes.

- Petrobras (2022): respeito à vida, às pessoas e ao meio ambiente; ética e transparência; superação e confiança; orientação ao mercado e resultados.

Nós seres humanos temos uma série de princípios, também conhecidos como valores, não é mesmo? Ora, se as empresas são formadas por conjuntos de pessoas, elas também têm, como um todo, seus valores dominantes. No exemplo citado, enquanto a Microsoft traz, por exemplo, a paixão pela tecnologia como princípio central, a Petrobras tem o respeito à vida como um de seus alicerces até por exercer uma atividade produtiva que oferece mais riscos aos seus colaboradores. Abaixo você pode tomar contato com um exemplo de lista de valores humanos, que pode facilmente ser adaptada para as organizações. Esta lista possui 50 valores, não exaustivos, mas que ilustram bem alguns de nossos princípios norteadores:

Lista de valores básicos:
1. **Ajuda**
2. **Amizade**
3. **Aparência Pessoal**
4. **Arrumação**
5. **Autocontrole**
6. **Autorrealização**
7. **Autoridade**
8. **Aventura**
9. **Bom Humor**
10. **Capacidade de Perdoar**
11. **Competência**
12. **Competitividade**
13. **Comunicação**
14. **Comunidade**
15. **Conhecimento**
16. **Consenso**
17. **Coragem**
18. **Crescimento Espiritual**
19. **Criatividade**

20. Democracia
21. Desafio
22. Desejo de Progredir
23. Diplomacia
24. Equipe/Time
25. Estabilidade
26. Família
27. Harmonia Interior
28. Honestidade
29. Independência
30. Integridade
31. Intimidade
32. Justiça
33. Liberdade
34. Meio Ambiente
35. Paz
36. Perseverança
37. Poder
38. Posição intelectual
39. Prazer
40. Prosperidade
41. Racionalidade
42. Reconhecimento
43. Respeito
44. Responsabilidade
45. Saúde
46. Segurança
47. Sentimento de Pertencer
48. Status
49. Tolerância
50. Verdade

Para fechar esta seção, defendemos que os valores organizacionais devem ser a grande bússola da formulação estratégica, pois eles devem guiar a missão, a visão, os objetivos e as metas do negócio, e não o contrário. Esta é a forma de termos uma empresa que pratica aquilo que discursa.

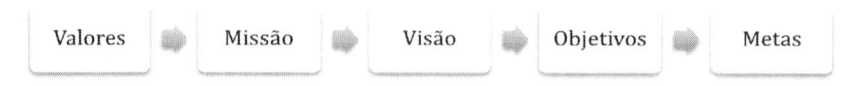

Fonte: Elaborado pelos autores.

✘ MISSÃO ORGANIZACIONAL

Conforme já foi exposto, a missão descreve o propósito central da empresa. Para que uma missão seja bem escrita, ela deve levar em conta ao menos um dos seguintes elementos (podendo trabalhar com mais de um destes elementos ao mesmo tempo):

1. Produto
Quais os produtos e serviços que ofereceremos aos compradores

2. Mercado
Quais os segmentos de compradores a serem atendidos e quais as necessidades a serem atendidas

3. Área geográfica
Quais as regiões ou países em que a empresa atuará

4. Competências distintivas
Quais os recursos e competências que permitem à empresa explorar as oportunidades e combater as ameaças do ambiente

5. Contribuição social
Como a nossa empresa contribui para o bem-estar da sociedade em geral

É importante que uma boa missão retrate muito bem a empresa em questão. Caso contrário, a missão corre o risco de ser muito genérica e, digamos, servir para milhares de empresas, inclusive de diferentes setores. Leia as duas missões abaixo e tente acertar de que empresas estamos falando (foram usadas as missões da época, com nome que as empresas tinham à época do texto original):

Empresa 1:
"Contribuir com o progresso da mobilidade de pessoas e produtos, facilitando a liberdade, segurança, eficiência e também o prazer de viajar."

Empresa 2:
"Satisfazer o cliente, gerando valor para os acionistas, funcionários e comunidade, através de postura ética, diferenciando-nos pela qualidade dos produtos, serviços e, principalmente, por um atendimento exemplar."

Você consegue acertar de que empresas estamos falando? Não? Se você está com dificuldades, parte desta dificuldade pode residir no fato de estas missões serem muito genéricas! A primeira missão já foi da Michelin, e a segunda já foi do Banco Real ABN AMRO. Para não correrem este risco, a dica maior é utilizarem os elementos fundamentais às boas missões.

Vamos agora a mais exemplos de missões. Neles, tente identificar quais dentre os cinco elementos estudados, foram trazidos para o texto:

a) Empresa a
Satisfazer o apetite do mundo inteiro com boa comida servida rapidamente num restaurante limpo a um preço acessível.

b) Empresa b
Oferecer qualquer serviço financeiro em qualquer país, onde for possível fazê-lo de forma legal e rentável.

c) Empresa c
Atender às necessidades de alimentação do ser humano, com produtos saborosos e saudáveis, criando valor para o acionista e para o consumidor e contribuindo para o crescimento e a felicidade das pessoas.

d) Empresa d
Oferecer ao mercado produtos com tecnologia de ponta em cosmética, industrializados ou manipulados, atendendo aos clientes com qualidade e agilidade, tratando eticamente os fornecedores e remunerando adequadamente os sócios e colaboradores, os quais serão valorizados e terão seu crescimento profissional permanentemente estimulado.

e) Empresa e
Encantar nosso cliente vendendo luxo e emoção em forma de joias, relógios, acessórios e serviços. Transformar ideias em produtos, respeitando nossos princípios e valores.

f) Empresa f
Disponibilizar para o mercado as melhores marcas, produtos e serviços que possibilitem a criação de vínculos fortes e duradouros com nossos consumidores e clientes.

g) Empresa g (franquia do ramo de cosméticos e perfumes)

Missão de negócios: Criar, ensinar a usar e vender maquiagens surpreendentes, encantando o maior número possível de mulheres.

Missão financeira: Priorizar e maximizar a geração de caixa, o lucro, o giro dos ativos e a remuneração dos acionistas, colaboradores e parceiros.

Missão social: Colaborar com a felicidade do maior número possível de pessoas.

Notem que no caso da "empresa g" a própria missão já é organizada em alguns dos elementos constituintes que vimos, não é mesmo? Já no caso da "empresa a", estão presentes todos os elementos vistos. O produto é tratado quando a missão se refere a "boa comida", ainda que de forma genérica. A necessidade ou desejo atendido é o de satisfazer o apetite. A área geográfica aparece quando mencionam "o mundo todo." As competências distintivas estão presentes em serviço rápido, restaurante limpo e preço acessível (por mais polêmicas que estas afirmações possam parecer para alguns). Tente fazer este exercício para as demais missões trazidas, e note que nem todas utilizam os elementos do mesmo modo.

Como último ponto de observação, devemos ter em mente que a missão organizacional deve mudar quando, entre outras possibilidades, não estiver mais sintonizada com as capacitações da empresa, quando a configuração concorrencial sofrer severas alterações, quando surgir uma nova tecnologia que determine uma nova forma de atender às necessidades dos clientes, quando aparecer uma clara oportunidade de aproveitar as forças da empresa em novas áreas.

✕ VISÃO ORGANIZACIONAL

A visão é um ideal de referência, posto que diz respeito ao local (podendo ser em sentido figurado) em que a empresa deseja estar no futuro. Posto de outro modo, trata de como a empresa quer ser reconhecida no futuro, o que envolve o que ela deseja ouvir de seus *stakeholders* (partes interessadas, como clientes, proprietários, fornecedores, sociedade em geral, mídia, entre outros).

A visão bem escrita não é garantia de sucesso duradouro. Veja, por exemplo, uma visão que já foi escrita pela Gradiente:

a) Gradiente

"[...] Onde houver olhos querendo ver o novo, onde houver ouvidos querendo ouvir melhor, onde houver corações e mentes buscando interação e emoção: este é o lugar da Gradiente."

Vamos a dois exemplos adicionais:

b) Cacau Show (2022)

"Ser a maior e melhor rede de chocolates finos do mundo."

c) Companhia Siderúrgica Nacional (CSN, 2022)
"Ser o grupo nacional mais respeitado e reconhecido globalmente fortalecendo o significado de Ser Brasileiro."

Note como todas estas visões apontam para o futuro, e em sentido filosófico. Isto significa que as empresas ainda não atingiram plenamente o que é colocado no texto de suas visões, posto que se fosse este o caso, a visão precisaria ser atualizada, ou até mesmo reformulada, não é mesmo?
Algumas vezes a visão pode ser colocada em um texto mais longo, como já foi feito pela Ambev no passado. Veja só:

d) AmBev

Nosso Sonho "Impossível"

"Se a nossa missão é a nossa razão de ser, nossa visão é o que queremos alcançar. É o nosso destino. [...] Acreditamos que as nossas oportunidades são tão grandes quanto os nossos sonhos. E o nosso sonho – a nossa visão – é ser a Melhor.
[...] Nosso sonho "impossível" motiva-nos a mover-nos – todos na mesma direção – com um forte senso de urgência e grande determinação.
Para nós, Ser Melhor é definido, por um lado, pelo alcance da mais alta rentabilidade na indústria cervejeira. Entretanto, isso vai além dos números. Deve ser conquistado com qualidade. Assim, Ser Melhor, por outro lado, significa: ter as melhores marcas e as que crescem mais rapidamente; ter os melhores produtos para os consumidores; ser reconhecido pelos clientes como o seu melhor parceiro; ter as melhores pessoas e a gente mais

comprometida; construir uma cultura forte e única; significa, também, ter a coragem de ir em frente e liderar as mudanças necessárias para realizar o sonho."

✗ OBJETIVOS E METAS SMART

Um objetivo é um estado futuro ao qual a empresa espera chegar, como parte do caminho para cumprir sua missão. A relação entre ambos é a seguinte:

Missão
O que a empresa é, o que faz, para quem faz, como e onde o faz.

Objetivos
Quais resultados a empresa deveria buscar alcançar como parte do cumprimento de sua missão.

Objetivos podem ser classificados em:
- Gerais ou específicos
- De curto prazo ou de longo prazo
- Quantitativos ou qualitativos

As metas nos auxiliam no atingimento do objetivo. É como se elas nos comprometessem mais com determinada entrega, posto que determinam elementos como quantidade da entrega e prazos para fazê-la. Você pode ter o "mero" objetivo de se formar neste curso, e a este objetivo pode estabelecer metas, como ter média semestral superior aos nove pontos, utilizar ao menos 20% dos conteúdos vistos em seu dia a dia profissional durante este ano, e assim por diante. Note que as metas não nos deixam esquecer dos grandes objetivos, e por esta razão podem ser consideradas ferramentas valiosas dentro do planejamento estratégico das empresas. Vamos pensar em alguns exemplos para fins didáticos. Ao lado esquerdo temos os objetivos, e ao lado direito temos as metas associadas a eles:

OBJETIVOS	METAS
Melhorar a satisfação do cliente em nosso sistema de atendimento ao consumidor.	A partir de 09/2023, atender no mínimo 90% das chamadas telefônicas em até cinco segundos.
Ampliar a presença na região Norte/Nordeste.	Abrir quatro novas lojas na região Nordeste até o final de 2022.
Atingir a liderança em volume de vendas, preservando o nível atual de lucratividade.	Até 10/2023 aumentar as vendas em 5% comparativamente ao mesmo período no ano anterior.

Com base no que vimos sobre objetivos e metas, tente estabelecê-los para que possam se tornar operacionalizáveis, mensuráveis e, portanto, mais úteis às empresas, com base nas seguintes declarações das empresas:

1. Seremos um líder em inovações farmacêuticas
2. A satisfação do cliente é a nossa principal razão de ser
3. Prometemos entrega no prazo
4. Qualidade do produto é a nossa maior prioridade
5. Preços baixos todos os dias

Como síntese do que foi visto sobre as metas nesse capítulo, devemos lembrar que uma boa meta deve ser do tipo SMART, sigla que vem do inglês, e que expressa o seguinte:

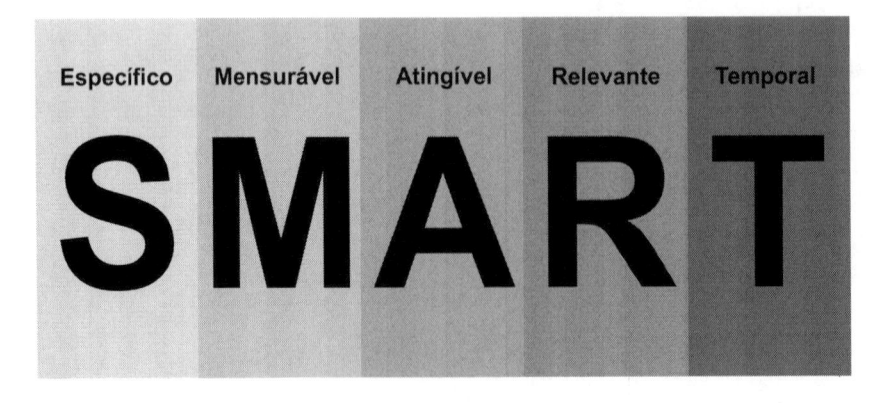

Fonte: Elaborado pelos autores.

Seguindo a ilustração, temos que as metas devem ser específicas, mensuráveis, atingíveis ou alcançáveis, relevantes e temporais, isto é, expressas também na forma de tempo. A meta deve ser específica no sentido de não querer "abraçar o mundo", o que com certeza prejudicaria seu alcance. Metas devem ser mensuráveis, o que significa, obviamente, que ao final do prazo estipulado para sua realização é necessário conseguir medir se a meta foi ou não alcançada. Além disso, a inteligência que está por trás da necessidade da meta ser mensurável é ainda mais ampla: esta exigência nos permite verificar a qualquer tempo se estamos próximos de alcançar a meta ou não.

Caminhando com o modelo SMART, as metas também devem ser atingíveis. Observamos uma série de negócios que mentem as metas para seus colaboradores, isto é, estabelecem metas impossíveis de serem alcançadas, apenas para "puxar o time" no sentido da meta estabelecida. Nós, enquanto professores e consultores, entendemos que este tipo de prática acaba muito mais por desmotivar a equipe no médio e longo prazo do que deixá-la mais próxima de alcançar a meta. Em complemento, defendemos que a transparência na gestão é um fator preponderante para que os negócios possam cumprir seus propósitos econômicos e também sociais.

Na sequência temos o "R" de relevante. Ora, este elemento é quase auto explicativo, no sentido de que não devemos manter toda uma empresa para o alcance de metas irrelevantes. Isto geraria um custo financeiro e mental muito grande para a empresa, sem o devido retorno. O termo "T" é possivelmente o mais conhecida, e significa dizer que devemos comprometer a cumprir a meta, inserindo em sua descrição em quanto tempo ela será alcançada. Independentemente do tipo de organização, defendemos a adoção do modelo de metas SMART em seu negócio. Isto será fundamental para que você possa desenhar a estratégia adequada para alcançá-las.

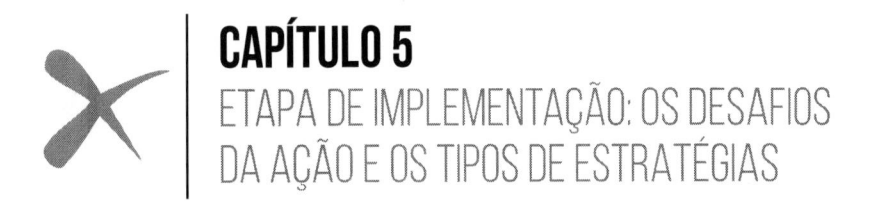

CAPÍTULO 5

ETAPA DE IMPLEMENTAÇÃO: OS DESAFIOS
DA AÇÃO E OS TIPOS DE ESTRATÉGIAS

✕ INTRODUÇÃO

Investigamos nosso mercado alvo, desenhamos a nossa estratégia, e depois? Bem, depois vem a famosa etapa de implementação da estratégia. Nesta etapa colocamos em prática aquilo que formulamos em etapa anterior. É neste momento que muitas empresas têm a oportunidade de seguir, ou não, com aquilo que foi deliberado por seus gestores. É também a partir deste momento que as empresas, ainda que por vezes de forma mais tímida, conseguem começar a perceber se optaram por estratégias vencedoras ou se cometeram erros cruciais, erros estes que podem afetar sua competitividade.

Neste capítulo trataremos, além do próprio processo de implementação da estratégia, dos tipos de estratégia em si e da importância da aprendizagem organizacional neste processo. Com estes conceitos bem definidos você poderá ter um maior domínio sobre os fundamentos e sobre a prática do campo da estratégia nas organizações.

✘ ETAPAS PRÉVIAS À IMPLEMENTAÇÃO DA ESTRATÉGIA

"Todos podem ver as táticas que utilizo para conquistar, mas o que ninguém consegue ver é a estratégia por trás das vitórias. " (Sun Tzu, em A Arte da Guerra).

Da mesma forma que ocorre em qualquer campo do conhecimento, alguns temas têm grande destaque na linha de pesquisa denominada Estratégia Empresarial. Dentre os temas que vêm sendo amplamente trabalhados nas últimas décadas, não somente em artigos acadêmicos, mas também nas discussões em congressos e cursos de Mestrado e Doutorado, está o das Vantagens Competitivas, entendidas como vantagens que uma empresa pode ter em relação aos seus concorrentes, no mercado em que atua.

No passado o foco estava na geração de vantagem competitiva temporária, que poderia ser obtida, por exemplo, por meio de inovação tecnológica, ciência da gestão, liderança exemplar e remodelação das estruturas organizacionais. Michael Porter, considerado pelos autores como o ponto de partida e um grande referencial em termos de estratégia, foi o grande responsável pela mudança na forma de se enxergar a noção de vantagem competitiva, a partir da definição do conceito de estratégia competitiva e das discussões sobre como obter vantagem competitiva sustentável no longo prazo. Porter (1980) desenvolveu parte de suas ideias por meio do modelo conhecido como cinco forças de Porter, ou cinco forças da indústria, conforme já visto nesse livro.

Outro modelo que trata de vantagem competitiva, também já abordado nesta obra, é o VRIO, proposto por Jay Barney (1991) e derivado da denominada Visão Baseada em Recursos (RBV ou VBR). O autor defende que os recursos da empresa, conhecidos na economia como fatores de produção, são os grandes responsáveis por sua capacidade de gerar desvantagens competitivas, igualdades competitivas, vantagens competitivas não aproveitadas, vantagens competitivas de curto prazo e vantagens competitivas de longo prazo, conforme estes sejam ou não valiosos, raros, de difícil imitação e bem organizados pela empresa (VRIO).

No caso de Porter, o autor destaca quatro estratégias genéricas que contribuem para a implementação da estratégia das empresas. A primeira delas é a diferenciação, associada à entrega de maior valor agregado para o cliente, diferenciando-se, desse modo, da concorrência. A segunda estratégia genérica é a de liderança em custos, ou seja, ser a empresa com os menores custos no mercado em que atua e, consequentemente, ser a empresa com os preços mais competitivos. As duas últimas estratégias genéricas estão associadas a mercados específicos, denominados de nichos, em que a empresa pode atuar também por diferenciação ou por custos, mas em mercados mais restritos, ou seja, com públicos com características muito próprias.

Destaca-se que Porter é enfático ao afirmar que dificilmente uma empresa conseguirá obter vantagem competitiva atuando, simultaneamente, com base em diferenciação e em custos, pois a lógica de uma estratégia acaba, em geral, por prejudicar a lógica de outra. Por exemplo, a empresa com o maior valor agregado em determinado mercado dificilmente terá os menores custos unitários de produção e, como consequência, dificilmente será a ofertante de produtos com os menores preços.

Ainda dentro da visão porteriana, a vantagem competitiva, além de dar-se por meio da ação da empresa sobre as cinco forças a partir de sua estratégia genérica, também ocorre pelo modo como esta organiza suas atividades. Em outras palavras, a empresa deve avaliar o tipo de indústria em que atua, por meio das cinco forças; como consequência, deve escolher qual estratégia genérica irá adotar – em mercados amplos, de nicho, por diferenciação ou por liderança em custos – e, por fim, deve possuir o que Porter denominou de cadeia de valor compatível com sua estratégia. De acordo com parte da literatura, as cinco forças, as estratégias genéricas e a noção de cadeia de valor são o triunvirato estratégico de Porter, ou seja, suas grandes contribuições gerenciais.

Destaca-se que a definição de estratégia, com base em Porter (1980) está intrinsecamente relacionada a busca por vantagem competitiva. Para esse autor só há vantagem competitiva a partir da estratégia e, realizar atividades de forma diferenciada em relação aos concorrentes é a forma por meio da qual as empresas podem sustentar essa vantagem competitiva (PORTER, 1980). A Visão Baseada em Recursos, diferentemente do que ocorre com a visão de Porter, aponta que as estratégias genéricas não podem ser a base da discussão sobre vantagens competitivas, e que esta é mais associada às denominadas *core competences* das organizações e seus recursos.

Independentemente de adotarmos a visão de Porter ou a VBR, antes de adentrarmos na implementação da estratégia em si, é importante termos uma boa base sobre as etapas que a antecedem no contexto do processo estratégico. É fundamental termos em mente que atividades estratégicas são aquelas que: (i) em regra, são capitaneadas pela alta gestão da empresa, especialmente na figura de seus conselheiros, presidentes e diretores; têm impacto de longo prazo para a organização; a afetam globalmente, isto é, geram efeitos para empresa como um todo, e não somente para um departamento ou para um indivíduo. Podemos, assim, perceber que nem toda atividade da empresa é de caráter estratégico, não é mesmo?

Neste sentido, há aquelas atividades que entram em uma esfera tática e/ou operacional dentro da empresa. Pense, por exemplo, em uma recepcionista de hotel que esta a atender um cliente específico. Até que informações extras sejam trazidas, esta recepcionista está realizando atividades operacionais, justamente por que um atendimento isolado que realiza não gera, em regra, um impacto de longo prazo para empresa toda.

A partir desse exemplo, você pode ter um norte para começar a compreender o que denominamos por planejamento estratégico. Para que uma empresa tome decisões estratégicas, como a de comprar uma subsidiária no exterior, ou de abrir capital na bolsa de valores, ou ingressar em novos mercados, ela precisa antes fazer sua "lição de casa" em termos de estratégia. Por exemplo, se ela quiser ampliar seu mercado de atuação, ela precisa realizar o que chamamos de diagnóstico ou análise de mercado. Nesta etapa de diagnóstico ela irá, portanto, estudar o cenário atual e o cenário futuro deste mercado. Isto feito, ela passará para a chamada fase de formulação estratégica, fase na qual ela de fato irá desenhar sua estratégia enquanto empresa. Mas, você deve estar se perguntando pelo seguinte: o que envolve o tal desenho da estratégia? Bem, em termos gerais, este desenho envolve definir sua missão, sua visão, seus valores e seus grandes objetivos e metas que auxiliarão no alcance destes objetivos, como já vimos em capítulo anterior. Você deve ter em mente que os objetivos traçados pela empresa devem estar alinhados ao diagnóstico realizado anteriormente.

Agora que conhecemos o mercado, conhecemos a empresa internamente, e desenhamos a estratégia, é chegada a hora de implementá-la. É neste momento que uma série de oportunidades e dificuldades se impõem para a empresa. Você já deve ter vivido situações em que tinha uma boa ideia, ao mesmo tempo em que não sabia como implementá-la, isto é, não sabia como colocá-la em prática. Com as empresas às vezes acontece de modo similar, com agravantes e com atenuantes.

Como agravantes, temos que as empresas são mais complexas do que indivíduos, e que por vezes possuem funcionários que têm seus próprios interesses, ao contrário de uma pessoa quando está atuando isoladamente. Isto pode ser uma barreira para as empresas, posto que "cada um pode puxar a brasa para seu lado" quando o assunto é estratégia. Como atenuante, temos que as empresas possuem, em geral, mais recursos financeiros do que os indivíduos isoladamente, o que pode facilitar o processo de colocar certas estratégias em prática. Neste cenário de dificuldades e de oportunidades, uma coisa é certa: toda empresa deve implementar suas estratégias em algum momento, não é mesmo? Ora, se esta é uma prática obrigatória para as organizações, cabe aprofundarmos mais neste assunto. É o que faremos a seguir.

✗ IMPLEMENTANDO AS ESTRATÉGIAS DEFINIDAS

Devemos ter em mente que não há uma fórmula pronta para a implementação estratégica. Temos no máximo bons princípios em mãos, os quais podemos seguir. Sabemos que livros "não sangram" "nem sentem dor", isto é, planejar não é sinônimo de sucesso, mas aumenta sua probabilidade de sucesso. Temos que lidar bem com a verdadeira curva da vida, que também vale para os negócios. Isto não significa não haver uma linha de chegada valiosa, mas significa que o caminho é tortuoso. Tendo estas noções em mente, o caminho estratégico se apresenta, por vezes, mais ou menos assim:

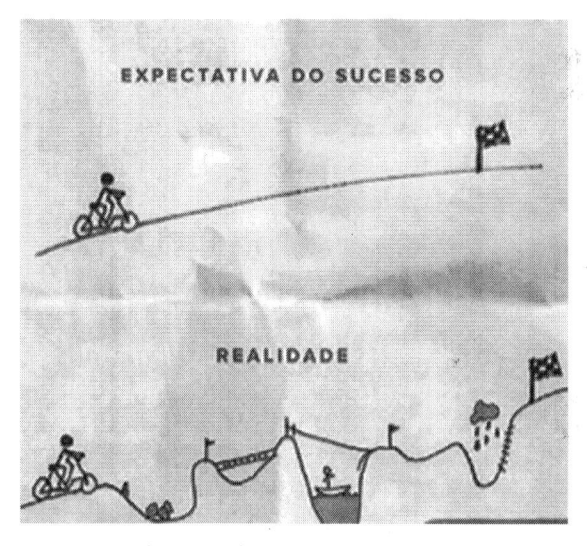

Fonte: https://strategyconsulting.com.br/2018/04/18/expectativa-x-realidade-em-processos-de-mudanca/

Como consequência desta realidade, nos fazemos as seguintes perguntas: Por que as estratégias intencionadas nem sempre são realizadas? Isto é, porque planos por vezes não funcionam? Ou ainda, por que por vezes são necessárias estratégias emergentes?

Não é possível trazermos uma só resposta para estas questões, mas algumas candidatas são as seguintes:

♦ Resistência à mudança;
♦ Ausência de comprometimento por parte dos superiores e dos subordinados;
♦ Canais de comunicação obstruídos;
♦ Dificuldade de trabalho sob pressão;
♦ Dificuldades financeiras da empresa para arcar com os custos de novos processos;
♦ Alta capacidade de improvisar sem medir as consequências para todo o projeto.

Independentemente da estratégia a ser adotada, Bossidy e Charan (no clássico livro Execução: a disciplina para atingir resultados, de 2005) defendem que os líderes devem adotar sete comportamentos essenciais para que as coisas não fiquem só no papel, evitando inclusive alguns dos problemas listados acima. Estes comportamentos são fundamentais para que a estratégia não seja somente um plano sem praticidade. Vamos a eles:

1. Conheça seu pessoal e sua organização;
2. Insista no realismo;
3. Estabeleça metas e prioridades claras;
4. Conclua o que foi planejado;
5. Recompense quem faz;
6. Amplie as habilidades das pessoas;
7. Conheça a si próprio.

Tomando ou não estes cuidados, o fato é que a implementação da estratégia das empresas envolve, entre outras, uma série de atividades de aspecto administrativo. Neste contexto devemos ter em mente os cuidados que devem ser tomados para que os planos de ação das empresas sejam bem executados. Os planos de ação das empresas decorrem, portanto, das estratégias gerais do negócio para as estratégias funcionais. Vamos ver como Certo *et al.* (2009, p. 103) compreendem as tarefas envolvidas na implementação de estratégia:

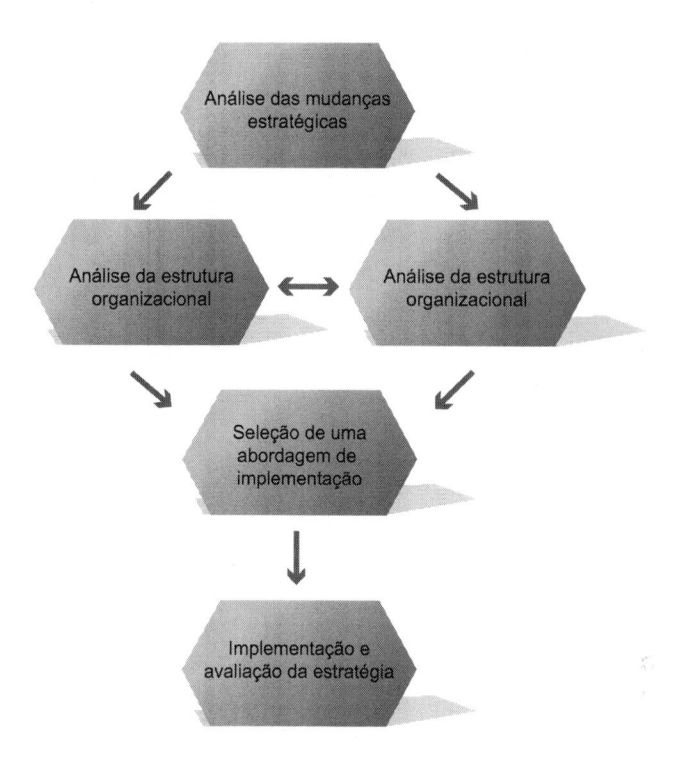

Bueno (2014, p. 146) nos traz uma boa explicação sobre estas tarefas: "Percebe-se que a análise das mudanças provocadas pelas estratégias ocorre na primeira etapa dessa fase. Ela é importante para informar o nível de mudança ao qual a empresa estará sujeita. A alteração desse nível determina se, a demanda sobre as mudanças poderá ser maior ou menor. As demais análises são realizadas de forma dinâmica; não há uma sequência exata ou um passo a passo que possam dar conta dessa tarefa. Assim que essa análise tenha sido realizada, caberá aos gestores avaliar e determinar quais recursos da empresa podem ser mobilizados. Uma estrutura organizacional apropriada deve ser disponibilizada para que o desempenho eficiente das tarefas exigidas seja concretizado. Percebe-se que, caso haja necessidade de uma revisão da estrutura para suportar o processo de implementação, ela deve ser feita."

Não é nosso intuito, neste capítulo, descrever os componentes que fazem parte do denominado controle da estratégia, mas é importante que você tenha em mente que toda a estratégia da empresa deve estar sujeita a controle e monitoramento, para eventuais correções de desvios de rotas, ou até mesmo para aprimoramentos de execução. É necessário, também, termos em mente os principais motivos que podem levar a uma situação de dificuldade para a implementação da estratégia pretendida pela empresa, tais como:

- Resistência à mudança;
- Ausência de comprometimento por parte dos superiores e dos subordinados;
- Canais de comunicação obstruídos;
- Dificuldade de trabalho sob pressão;
- Dificuldades financeiras da empresa para arcar com os custos de novos processos;
- Alta capacidade de improvisar sem medir as consequências para todo o projeto.

Estas dificuldades podem estar presentes em toda e qualquer implementação estratégica pretendida pela empresa e, por esta razão, devem ser mapeadas e tratadas pela organização.

✗ POSSIBILIDADES DE IMPLEMENTAÇÃO ESTRATÉGICA

Vimos que Michael Porter é um dos principais autores do campo da estratégia. Professor da Universidade de Harvard, ele foi responsável por propor o denominado modelo de estratégias genéricas. Este autor defende uma matriz formada por duas grandes dimensões, em que na parte horizontal temos a vantagem competitiva e na parte vertical temos o escopo competitivo. Porter defende que uma empresa deve primeiro definir o seu alvo, isto é, deve definir se será um público alvo amplo ou estreito, sendo este último também conhecido como atuação em nicho de mercado. Após definir o seu alvo, a empresa deve ter em mente que tipo de vantagem competitiva deseja ter no mercado, podendo ser esta obtida por meio de custo mais baixo que seus concorrentes ou por meio de diferenciação para seus clientes. A matriz abaixo traz uma síntese da visão porteriana:

		VANTAGEM COMPETITIVA	
		Custo mais Baixo	Diferenciação
ESCOPO COMPETITIVO	Alvo Amplo	*LIDERANÇA EM CUSTO*	*DIFERENCIAÇÃO*
	Alvo Estreito	*ENFOQUE EM CUSTO*	*ENFOQUE EM DIFERENCIAÇÃO*

Este pensador da administração defende que o modelo de estratégia de meio termo, isto é, que busca simultaneamente ambas as vantagens competitivas, não é um tipo estratégico puro, mas sim residual, resultando, por vezes, em fracasso para muitas organizações. Porter defende que ficar no meio termo pode gerar um resultado mal sucedido na implementação de uma das estratégias genéricas, que recebem este nome por poderem ser adotadas por toda e qualquer empresa, independentemente de seu tamanho de mercado, nacionalidade, porte ou setor de atuação.

Independentemente do tipo de estratégia inicialmente escolhido pela empresa, Mintzberg (1987) defenderá que nem sempre a estratégia pretendida pela empresa é a estratégia que de fato é realizada, conforme Figura abaixo:

A estratégia a ser escolhida vai depender tanto da história de sucessos e insucessos da organização e da segurança que essa tenha, quanto da esperança de sucesso de determinada alternativa. A prática indica que soluções conhecidas e que resultaram em sucesso no passado tendem a ser repetidas. Assim, as estratégias empresariais são, por essência, padrões de comportamento que se formam a partir de decisões ou ações já realizadas pela organização.

Ao se analisar o processo de busca de adaptação estratégica das organizações, que consiste em um esforço de ajustamento recíproco entre a organização e o ambiente em que ela opera, verifica-se que são consideradas duas possibilidades: uma, de visão determinista, que considera o ambiente como o maior causador das mudanças que ocorrem na organização e, portanto, o determinante de sua sobrevivência. Desta forma, a capacidade da organização escolher estratégias fica restrita.

De todo modo, a estratégia pretendida é aquela inicialmente pensada pela empresa. Pode ser, por exemplo, uma estratégia de diferenciação desenhada por uma pastelaria do bairro. Ao deliberar entre seus sócios alguns aspectos da estratégia pretendida podem ser cancelados, sendo estas as denominadas estratégias não realizadas. As estratégias que, após a deliberação, se mantêm, são as denominadas estratégias realizadas. Ocorre que neste processo pode, em determinados casos, haver a denominada estratégia emergente, que leva este nome justamente porque floresce em um curto espaço de tempo, devido à ocorrências externas ou oportunidades enxergadas pela empresa, e que não necessariamente tem, digamos, "tempo" de ser deliberada entre os sócios da pastelaria. Aqui é como se ela fosse direto para o estágio de estratégia realizada. Perceba, então, que entre a estratégia pretendida e a estratégia que é de fato realizada há uma série de possibilidades. Esta é a síntese da contribuição de Mintzberg (1987).

Para o exemplo trazido, podemos pensar que ao deliberar, a pastelaria mantenha a ideia de diferenciação, mas que perceba, entre os sócios, que não vale a pena ofertar os 40 sabores de pastéis que inicialmente haviam pensado ofertar. Parte desta estratégia passa a ser, portanto, não realizada. Vamos supor que a empresa opte por seguir adiante com sua ideia de oferecer um ambiente amplo para seus clientes, delibera sobre esta questão e realiza de fato esta ideia. Neste caso teremos um processo sem grandes mudanças, não é mesmo?

Agora pense em uma situação em que no meio da deliberação das estratégias a empresa descobre que um concorrente abrirá uma pastelaria ao lado da sua. Neste caso pode haver a necessidade de criar a chamada estratégia emergente, que poderá ser, por exemplo, pautada pela ideia de alugar um espaço ainda maior e melhor localizado do que aquele que inicialmente havia sido deliberado pelos sócios! Este é o mundo real das estratégias nas empresas, e é justamente por isso que devemos ter clareza sobre as diferenças entre estes cinco tipos de estratégias apresentados por Mintzberg (1987). Vamos agora aprofundar um pouco mais sobre as estratégias genéricas de Porter.

✖ ESTRATÉGIA DE LIDERANÇA EM CUSTO

Pensando em termos práticos, quando uma empresa opta por uma estratégia de liderança em custos, isto significa que ela quer ter custos mais baixos do que os da média do mercado, sendo esta a sua grande estratégia para ter vantagens sobre seus concorrentes. Se esta for a escolha da empresa, é importante que ela tenha em mente os principais fatores que determinaram os seus custos. Trago abaixo uma síntese destes fatores:

▷ economias e deseconomias de escala;
▷ aprendizagem acumulada;
▷ padrão de utilização da capacidade;
▷ elos nas cadeias de valor;
▷ inter-relações (compartilhamento de custos com outras unidades da empresa);
▷ grau de integração vertical (capacidade de produzir "por si mesma");
▷ oportunidade histórica (vantagens do pioneiro vs. do imitador: marca, acesso a insumos e tecnologia);
▷ localização (armazenagem e distribuição);
▷ fatores institucionais (regulamentação, subsídios, políticas públicas de preços);
▷ tecnologia (de produto, de processo);
▷ cultura organizacional;
▷ eficiência na execução dos processos produtivos e administrativos;
▷ mecanismos de acompanhamento e de controle de custos;
▷ nível de *overhead* (redução dos custos indiretos da empresa).

Há, ainda, outras formas de uma empresa seguir adiante com sua estratégia de liderança em custos, por exemplo, por meio da simplificação da oferta, que possui as seguintes características:

▷ produto / serviço "sem frescuras";

▷ projeto de baixo custo (padronizado, simplificado);

▷ mix e variedade de produtos;

▷ nível de serviço oferecido;

▷ tipo e variedade de compradores atendidos e de canais de distribuição;

▷ marketing e promoções.

Também existe a possibilidade de as empresas buscarem esta estratégia por meio da forma como lidam com seus fatores de produção, adotando o seguinte:

▷ insumos substitutos + baratos (inclusive sucata e reciclados);

▷ equipamentos mais baratos (inclusive usados);

▷ mão de obra mais barata (salário, encargos, treinamento);

▷ fontes mais baratas de capital.

Uma vez entendidos os atuais determinantes dos custos em um setor, o que uma empresa pode fazer de forma a diminuir seus custos sem prejudicar suas receitas ou aumentar a diferença entre receitas e custos (vezes volume)? Ora, o caminho para a liderança em custos pode vir do controle dos determinantes dos custos ou da reconfiguração da cadeia de valor, entendida como aquilo que efetivamente é entregue ao cliente. As empresas que optam por este tipo de estratégia devem, obrigatoriamente, ter em mente que as circunstâncias que permitem seu custo mais baixo podem, em determinadas situações, ser imitadas ou substituídas por seus concorrentes.

✗ APLICANDO A ESTRATÉGIA DE LIDERANÇA EM CUSTO

Trazemos abaixo alguns exemplos de empresas que reconfiguraram sua cadeia de valor com base na liderança em custos, dentro de seus grupos estratégicos:

▷ Chilli Beans (óculos) → ênfase em estilo e renovação frequente do estoque: vendedores são jovens e não necessariamente especializados em serviços óticos; produção na China reduz os custos; qualidade aceitável e preços relativamente baixos aumentam a demanda e reduzem os custos em função de ganhos de escala;

▷ Smart Fit (academia de ginástica) → ênfase na quantidade de equipamentos (de bom nível), mas redução dos serviços.

Tente refletir sobre o seguinte: quais as principais mudanças que estas empresas implementaram em sua cadeia de valor e na relação destas com o sistema de atividades em geral? Qual o impacto destas mudanças? Reduzir seus custos? Aumentar a satisfação do cliente e sua disposição para pagar mais ou comprar mais? Melhorar a relação margem X volume por meio de modificação (em relação aos concorrentes) nos benefícios oferecidos e nos custos para produzi-los / entregá-los?

Todas estas respostas são válidas, a depender da empresa que você está analisando. Temos mais exemplos de empresas que têm obtido êxito em sua estratégia de liderança em custo, conforme segue:

▷ Canetas Bic → Estratégia de escala, reputação e marca (pioneirismo)
▷ Habib's → Simplificação do produto, padronização, preços baixos para obter alta escala; integração vertical (fábrica própria de laticínios)
▷ Gol → busca por Eficiência operacional e por tecnologia mais moderna que concorrentes

Cabe destacarmos que as empresas que optam pela liderança em custos sofrem alguns riscos em suas estratégias, dentre os quais temos os seguintes:

▷ Mudança tecnológica que anule o investimento ou a aprendizagem anteriores;
▷ Entrada de imitadores com processos de baixo custo de aprendizado;
▷ Foco para dentro da empresa e dificuldade em perceber mudanças no mercado e inovações da concorrência;
▷ Mudança nas preferências dos compradores, que podem se tornar dispostos a abrir mão de preço mais baixo em troca de melhoria em outros atributos;
▷ Inflação nos custos, caracterizada por um aumento generalizado de preços;
▷ Desenvolvimento de nichos de mercado que "enfocadores" em custo consigam atender com um custo ainda mais baixo.

✗ ESTRATÉGIA DE DIFERENCIAÇÃO

Conforme vimos no modelo porteriano, há a possibilidade de a empresa optar por uma estratégia de diferenciação, que, em geral, caminha na contramão da estratégia de baixo custo. A oferta de um produto e/ou serviço diferenciado significa:

▷ Tornar os compradores menos sensíveis ao preço, o que significa dizer que aumentos consideráveis de preços não impactam em sua intenção de compra;

▷ Por meio da oferta de atributos que sejam valorizados pelos clientes e que sejam distintos dos oferecidos pelos concorrentes;

▷ A diferenciação resulta em desempenho superior se o preço-prêmio ou o volume maior alcançados ultrapassarem os custos adicionais incorridos pela oferta do produto/serviço distinto;

▷ Estratégias de diferenciação de sucesso têm sua origem nas ações coordenadas de diversas áreas de uma empresa, e não apenas de um departamento específico qualquer;

▷ A diferenciação surge da cadeia de valor da empresa e de sua integração com o sistema de valor de fornecedores e compradores.

A estratégia de diferenciação pode trazer benefícios para clientes e para a empresa, que são ilustrados abaixo:

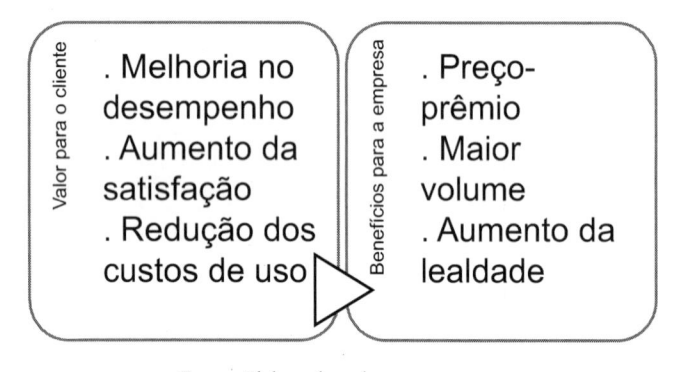

Fonte: Elaborado pelos autores.

Uma das perguntas fundamentais nesta estratégia é a seguinte: como aumentar a disposição do comprador para pagar mais? Abaixo apontamos alguns caminhos trilhados pela literatura de estratégia empresarial:

Características do produto:
Atributos, funcionalidades, qualidade, desempenho, design, ineditismo, escala, imagem, atendimento a necessidades especiais dos clientes

Venda e entrega:
Conveniência, nível de atendimento, serviço de entrega, prazo, modalidades de pagamento, serviço pré-venda (inclusive pela internet), segurança da transação, cobertura da distribuição

Serviços pós-venda:
Instalação, treinamento, assessoria, assistência técnica, peças de reposição, garantia, política de devolução, compatibilidade, produtos / serviços complementares

Indicadores (sinais):
Marca, propaganda, embalagem, visual do local e do vendedor

Redução do custo de utilização:
Operação, consumo de outros insumos, manuseio, defeitos, descarte

Vamos pensar agora em produtos e empresas diferenciados, tais como:

▷ Iphone, pela conveniência, liberdade e novidades tecnológicas
▷ St Marche supermercado, pelos produtos *premium*, gentileza e amenidades
▷ Bolsas Louis Vuitton, pelo status e prestígio
▷ Lentes de contato Varilux, pelas lentes progressivas que permitem maior nitidez de imagem

No caso destas empresas, as grandes perguntas que são feitas são as seguintes: Quais as características destes produtos/serviços que levam os compradores a pagar mais caro por eles ou a preferi-los em relação às ofertas concorrentes? Tal posicionamento é facilmente imitável? De todo modo, as empresas que adotam uma estratégia de diferenciação devem estar atentas a estas questões, posto que há riscos inerentes a este tipo de estratégia, tais como:

▷ Quando o preço prêmio cobrado pela empresa torna-se muito alto (clientes podem sacrificar algumas características do produto e migrar para concorrentes de preço mais baixo);

▷ alguns quesitos específicos de diferenciação deixam de ser valorizados pelos clientes;

▷ imitação pelos concorrentes reduz a diferenciação;

▷ "enfocadores" em diferenciação conseguem obter diferenciação ainda maior em segmentos específicos.

✗ ESTRATÉGIA DE ENFOQUE (CUSTO OU DIFERENCIAÇÃO)

Cabe destacarmos que seja por meio de uma estratégia de baixo custo, seja por meio de uma estratégia de diferenciação, as empresas podem optar por uma estratégia de enfoque. Isto significa que as empresas podem selecionar segmentos-alvo que possuem necessidades, digamos, incomuns, no sentido de não serem tão frequentes. Estas empresas moldam suas atividades para servir exclusivamente a esse segmento. Um estreitamento do contexto pode conduzir a baixos custos (enfoque baseado em custo) ou a diferenciação (enfoque baseado em diferenciação) porque atende melhor o alvo estratégico, mesmo que a empresa não conseguisse se distinguir no âmbito da indústria como um todo.

Para empresas que competem por meio desta estratégia é fundamental terem um conhecimento muito detalhado do público-alvo que desejam atingir. Este processo de seleção de público-alvo com base em suas características é conhecido no marketing como segmentação. Abaixo trago exemplos de variáveis de segmentação que podem ser observadas pelas empresas:

Características do produto
* benefícios, atributos e desempenho
* preço
* serviços agregados

Demográficas
* idade
* gênero
* tamanho da família
* estágio de vida da família
* renda familiar

- classe social
- ocupação
- nível de instrução
- religião
- etnia

Psicográficas
- estilo de vida, interesses pessoais
- personalidade, valores pessoais

Geográficas
- região
- tamanho da cidade
- clima

Comportamentais
- ocasiões de compra
- ocasiões de uso
- condição do usuário (habitual, principiante, não-usuário, ex-usuário)
- padrão de gastos
- taxa de uso
- grau de lealdade
- atitude para com o produto

Características de compra
- volume do pedido
- forma de acesso
- canal de distribuição

Com base nestas características, vamos agora pensar em empresas que adotam esta estratégia de enfoque, dentro de determinados segmentos:

▷ Creme dental Sensodine → pessoas com sensibilidade nos dentes ou necessidade de cuidados especiais;

▷ Harley Davidson → pessoas que buscam um estilo de vida pautado pela liberdade;

▷ Sorvetes Mondo → sorvetes sem ingredientes de origem animal voltados ao público vegano.

Dentro deste tipo de estratégia é fundamental pensarmos nos riscos. Um dos riscos é de que os concorrentes que adotam uma estratégia de liderança em custo voltada para todo o mercado conseguem reduzir o custo de tal forma que eliminam as vantagens de custo ou de diferenciação alcançadas pela especialização em um único segmento.

Outro risco envolvido é o de que os quesitos que sustentavam a diferenciação no segmento podem deixar de ser valorizados pelos clientes. Além disso, as exigências e necessidades dos clientes do alvo estratégico podem passar a se aproximar das do mercado como um todo, o que pode anular a segmentação. Por fim, temos sempre o risco de concorrentes, também "enfocadores", desenvolverem subsegmentos dentro do alvo estratégico. Seria o que chamam de "nicho do nicho", como uma agência de esportes radicais, que já é um nicho de Mercado, especializada em montanhismo (este seria seu subsegmento).

No decorrer deste capítulo tratamos essencialmente da etapa de implementação dentro dos conceitos sobre o processo estratégico. Foi destacado que esta etapa é posterior as etapas de diagnóstico e de formulação da estratégia, e que possui suas próprias peculiaridades, o que inclui suas subfases e seus riscos de fracasso. Nesta discussão vimos que tanto a estratégia de baixo custo quanto a estratégia de diferenciação podem ser adotadas pelas empresas, mesmo possuindo vantagens e desvantagens. Vimos também que há, ainda, a possibilidade de as empresas adotarem uma estratégia de enfoque, também conhecida como estratégia de nicho, por meio da qual poderão atuar de forma personalizada para um grupo específico de clientes com características próprias.

Independentemente da estratégia a ser adotada pelo negócio, uma discussão que se destaca nos dias de hoje é a seguinte: será que a vantagem competitiva de longo prazo por parte das empresas morreu? Posto de outro modo: ainda é possível que uma empresa permaneça a frente de seus concorrentes por décadas? Isto ocorre do mesmo modo como acontecia no passado? Bem, não há uma única resposta certa para estas questões, mas o fato de pensarmos sobre a implementação das estratégias e, mais ainda, de pensarmos sobre os possíveis riscos que tomamos enquanto empresa, pode, de algum modo, nos aproximar desta tal busca por vantagem de longo prazo frente aos nossos concorrentes.

Encerramos este capítulo com a reflexão de que as estratégias de Porter e de Mintzberg são apenas exemplos para as organizações. Montamos, então, o seguinte mosaico para ilustrar um tipo de "cardápio de estratégias" para as organizações:

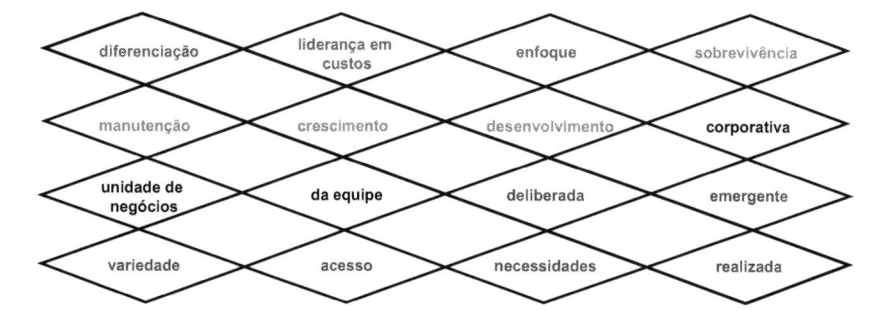

Fonte: Elaborado pelos autores.

Há, então:

▷ negócios que entregam um mix único de valor para seu público-alvo (estratégia de diferenciação);

▷ negócios que conseguem uma estrutura de custos muito vantajosa para si, e que em decorrência disso, em geral, ofertam produtos e serviços a preços abaixo da média do mercado em que atuam (estratégia de liderança em custo);

▷ negócios que selecionam um público-alvo específico com características muito peculiares, e que representa uma parte substancial de sua receita;

▷ negócios que operam no limite de suas margens, como um tipo de estratégia de sobrevivência, sem conseguir olhar para o longo prazo de suas atividades (estratégia de sobrevivência);

▷ negócios que acabam por reproduzir suas estratégias do passado, e que desse modo não buscam por liderança em seus mercados de atuação (estratégia de manutenção);

▷ negócios que são desenhados para crescerem no mercado em que atuam, seja no aumento substancial de receita, seja na participação relativa de mercado (estratégia de crescimento);

▷ negócios que buscam uma posição que transcende aquilo que é feito no mercado, dialogando bem com a ideia de alta diferenciação (estratégia de desenvolvimento);

▷ negócios que possuem, ou não, coerência entre o desenho de suas estratégias corporativa, de unidade de negócios e de equipe;

▷ negócios que ganham pela variedade de seus produtos ou serviços, tornando-se especialistas, por exemplo, em uma categoria de produtos (estratégia de variedade);

▷ negócios que proveem acesso a determinados produtos e serviços aos quais um determinado público-alvo não tinha acesso anteriormente, por geografia, renda ou outros fatores de segmentação (estratégia de acesso);

▷ negócios que mergulham profundamente nas necessidades de seus clientes, interpretando de forma robusta, por exemplo, o que expressam, o que querem, o que pensam, do que gostam e do que não gostam (estratégia de necessidade);

▷ além disso, todos os negócios passam pelo fluxo de estratégias deliberadas e emergentes, sendo estas realizadas ou não.

Após esta exposição, fica então o convite para que você possa refletir sobre quais estratégias fazem parte do negócio em que atua ou de um negócio com o qual você interage. Lembremos, por fim, que tais estratégias não são necessariamente excludentes entre si, portanto algumas podem ser cumulativas, ao mesmo tempo em que toda escolha estratégia terá, necessariamente, seus pontos positivos e negativos.

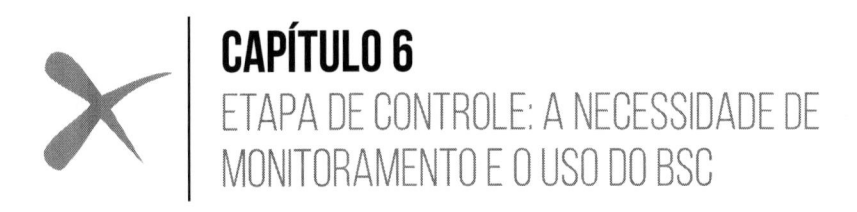

CAPÍTULO 6

ETAPA DE CONTROLE: A NECESSIDADE DE MONITORAMENTO E O USO DO BSC

✕ INTRODUÇÃO

As organizações lidam com diversas transformações em sua estrutura de negócio e no seu modelo de trabalho. Vimos em capítulos anteriores que essas mudanças ocorrem de forma cada vez mais rápida, e com um volume de informações difícil de ser acompanhado. Em complemento, sabemos que o acirramento da competição em diversos setores só aumenta.

É neste contexto que uma grande dificuldade das empresas reside em como atingir seus objetivos organizacionais de longo prazo por meio de um conjunto de ações de curto prazo. Parte destas ações pode produzir resultados positivos rapidamente, especialmente aquelas que dizem respeito à saúde financeira de curto prazo da organização. Entretanto, trazer uma visão imediatista para o negócio, neste caso por meio da ênfase no lucro de curto prazo, pode colocar em risco a sobrevivência do negócio.

Com base neste simples exemplo e em diversas outras ocorrências que observamos nas empresas, a literatura aponta que um dos mecanismos mais importantes que as empresas usam para ajustar seus processos internos é o controle estratégico. Ele apresenta uma perspectiva gerencial para fornecer uma visão de como os gestores podem lidar com seus objetivos polivalentes, por meio de abordagens como o *Balanced Scorecard* e as alavancas gerais de controle tático e operacional. Deste modo, os gestores conseguem olhar para além da visão micro da organização, estudando o processo interno e incorporando as necessidades exigidas das influências externas, melhorando seu desempenho e aumentando a probabilidade de alcançar os objetivos estratégicos traçados.

Pensar nos objetivos e metas com base no processo estratégico se transformou em um paradigma importante nos âmbitos acadêmico e empresarial. No entanto, diversos outros modelos, teorias e práticas passaram a fazer parte do mundo da estratégia, contexto que exige um controle cada vez mais preciso da gestão dos negócios. Esta necessidade visa atender a dois públicos distintos e exigentes:

- Criação de riquezas para os acionistas, vistos como o público que realizou investimentos diretos no negócio e que tem elevadas expectativas de retorno;
- Satisfação de seus demais *stakeholders*, vistos como as partes interessadas que assumem riscos, positivos ou negativos, com a atividade do negócio, como funcionários, fornecedores, comunidade local, entre outros.

A necessidade de lidar com os interesses destes públicos torna a área de estudos sobre o controle gerencial multidisciplinar, em um cenário em que o processo de implementação e reformulação de estratégias vai do ponto mais complexo, como a formulação das estratégias até o ponto mais básico e sistemático, como o controle de tarefas. Temos, em síntese, que o processo de controle estratégico se desenvolve em três principais fases: sensora, assessora e corretiva/realizadora.

✗ MENSURAR O DESEMPENHO DAS ESTRATÉGIAS: FASE SENSORA

Vimos que entender e analisar os resultados das estratégias é uma atividade que precisa ser feita regularmente pelos gestores. Tanto no âmbito qualitativo, com base em percepções, quando no quantitativo, por meio dos números. É necessário avaliar regularmente se as estratégias estão gerando resultados para organização. Essa fase também é conhecida como sensora, que mede o que realmente ocorre no processo que está sendo controlado.

✗ COMPARAR O DESEMPENHO COM OS OBJETIVOS: FASE ASSESSORA

Após entender e mensurar os resultados obtidos, é necessário retomar os objetivos traçados anteriormente, e verificar o que foi atingido e o que não foi alcançado. Dessa forma, os gestores podem entender o motivo das falhas e inconsistências das metas estabelecidas e ajustar de acordo com suas condições e recursos disponíveis. Esta etapa também é conhecida como mecanismo assessor, que determina a importância dos resultados, fazendo uma comparação em relação aos objetivos e metas que deveriam estar ocorrendo.

✗ REORGANIZAR METAS E PROJEÇÕES: FASE CORRETIVA E REALIZADORA

Ao entender quais pontos foram alcançados pelas estratégias estabelecidas é importante trabalhar para reorganizar e estruturar um controle adequado, isto é, manter as estratégias que deram certo, e retirar ou adequar as que não atingiram o objetivo proposto. Esta fase também é conhecida como mecanismo realizador, que reorganiza o que precisa de alteração e mantém os fatores que deram certo na estratégia que foi estabelecida.

✗ FINALIDADES E LIMITES DO CONTROLE ESTRATÉGICO

O controle estratégico deve ser entendido como um dos meios de monitoramento e avaliação das estratégias. Dessa forma a empresa consegue analisar sistematicamente os resultados obtidos e esperados. Outras finalidades do controle estratégico são:

- avaliar a estratégia no que se refere à consistência e atualidade;
- assegurar o reconhecimento das atividades desenvolvidas;
- avaliar as mudanças ocorridas e os ambientes em transformação;
- monitorar e acompanhar os resultados;
- negociar e integrar as questões estratégicas entre as áreas;
- ampliar o escopo de conhecimento de todos os participantes sobre o ambiente, escolhas e estratégias.

Para estas finalidades parte da literatura destaca que automatizar e inovar nos processos é fundamental. Comumente, o trabalho de desdobramento da estratégia empresarial por meio da gestão por processos pode ser potencializado com ferramentas de automatização. Além de trazerem mais praticidade para a rotina, geram relatórios preciosos para acompanhar o planejamento de forma ampla e detalhada. Com a automatização também é possível conseguir um maior nível de precisão no controle e avaliação do planejamento estratégico, facilitando o desafio de acompanhar a execução das operações no dia a dia. Entender a importância da automatização do controle das estratégias pode ser, portanto, um diferencial competitivo no ambiente empresarial, visto que o apoio tecnológico pode detectar possíveis falhas e acompanhar a realização dos processos estabelecidos, o que nem sempre é possível, digamos, aos olhos humanos em processos analógicos.

Nas relações corporativas, o controle estratégico é uma área de grande atenção dos investidores, visto que é um determinante significativo do sucesso da lucratividade esperada, impactando diretamente, por exemplo, no valor das ações da empresa, quando esta for de capital aberto. O controle inadequado por parte dos gestores pode não apenas limitar a capacidade de um novo empreendimento em realizar seu objetivo estratégico, mas também diminuir sua capacidade de utilizar efetivamente os recursos fornecidos pelos investidores corporativos. Portanto, as empresas precisam entender quais tipos de controle podem evitar sua destruição de valor.

Trazendo a discussão para o nível do indivíduo, destacamos que a capacidade de um colaborador de extrair os benefícios do controle de gestão pode depender do grau de relacionamento, do conhecimento, e da dependência de recursos que a empresa proporciona em seu trabalho. Além dos fatores internos relevantes para alavancar o controle, os relacionamentos externos das empresas, como laços políticos, podem fornecer a estas acesso preferencial para obter os recursos necessários, o que pode reduzir o grau de dependência de recursos dos fornecedores.

Apesar dos pontos que já foram trazidos, é necessário notarmos que o controle excessivo também tem suas limitações. Por exemplo, em novas empresas as gestões precisam de mais flexibilidade estratégica para modificar rapidamente suas estratégias de mercado e inovação em resposta às mudanças atuais ou futuras no ambiente. É o que a literatura de estratégia chama de ter capacidades dinâmicas, para que seja possível sentir e reagir adequadamente às mudanças de seu mercado de atuação (TEECE, 2018).

Posto de outro modo, quando a alta gestão controla rigidamente o processo de tomada de decisão estratégica de novos empreendimentos, ela pode impedir que novos empreendimentos façam as mudanças necessárias para se adaptarem a seus mercados ambíguos e altamente incertos. No contexto de empresas estabelecidas, o controle às vezes é considerado prejudicial à flexibilidade organizacional, uma vez que as regras e procedimentos comprovados podem se tornar barreiras para as empresas desenvolverem uma diversidade de produtos e serviços inovadores.

Reforçando as etapas apresentadas, algumas características precisam da atenção frequente dos gestores. Principalmente no que se refere aos apontamentos de erros, e correções de falhas e reposicionamento das metas. Isso envolve aspectos de gestão de liderança (RH), pois todas as decisões e conquistas e falhas envolvem escolhas humanas de colaboradores de diversas áreas. Isso afeta diretamente como entender e avaliar o desempenho das pessoas, por meio de sistemas como desempenho pessoal, supervisão direta, *feedbacks* etc. Outra área bastante influenciada pelo controle estratégico é a financeira. São instrumentos de análise os relatórios contábeis, controle de ganhos ou perdas e análises de investimentos futuros.

✗ TIPOS DE CONTROLE: ESTRATÉGICO, TÁTICO E OPERACIONAL

É necessário, para o sucesso estratégico, entendermos cada tipo de controle existente dentro do planejamento, e qual melhor momento de implementar novos critérios de avaliação. Vemos abaixo os tipos de controles dentro das empresas, de acordo com Chiavenato (2004):

Nível na Empresa	Tipo de Controle	Conteúdo	Tempo	Amplitude
Institucional	Estratégico	Genérico e sintético	Direcionado para longo prazo	Macro orientado. Aborda a empresa como uma totalidade, como um sistema
Intermediário	Tático	Menos genérico e mais detalhado	Direcionado para médio prazo	Aborda cada unidade da empresa (departamento) ou cada conjunto de recursos isoladamente
Operacional	Operacional	Detalhado e analítico	Direcionado para curto prazo	Micro orientado. Aborda cada tarefa ou operação isoladamente

Como há uma hierarquia nos departamentos e atividades da empresa, também há uma hierarquia de tipos de controle. Os controles são mais vagos e amplos à medida que se sobe na escala hierárquica da empresa. O controle do nível estratégico macro orientado, visa os aspectos globais que envolvem a empresa no geral. Uma empresa possui uma gama de atividades variada, dificultando o controle em sua totalidade.

Disso decorre a necessidade de que muitas pessoas se envolvam em tarefas relacionadas ao acompanhamento e avaliação de atividades do negócio, em geral, organizadas pelos departamentos ou áreas da empresa. Este processo, mais fácil de compreender do que de praticar com êxito, é fundamental para que os colaboradores da empresa caminhem em convergência, isto é, visando os mesmos macro objetivos organizacionais.

O controle estratégico, voltado para a organização no geral, sempre busca analisar a longo prazo, e envolve as seguintes características básicas:

- Abrangência – visão do todo (holística)
- Tempo – análises de longos prazos
- Tomada de decisão – decisões tomadas em nível institucional

Podemos considerar três motivos essenciais para a existência de um controle macro das decisões da empresa:

- O planejamento estratégico é aplicável à empresa como uma totalidade no sentido de alcançar objetivos empresariais globais;
- Na medida em que ocorre descentralização da autoridade, as unidades passam a ser semiautônomas exigindo controles globais capazes de evitar o caos decorrente de problemas complexos;
- Controles globais permitem medir o esforço total da empresa como um todo ou de uma área integrada em vez de medir simplesmente parte dela.

São considerados itens de controle geral:

- relatórios contábeis;
- metas de custo e lucro;
- filosofia de liderança orienta todas as ações;
- análise de retorno de investimentos.

Partindo para o próximo nível de controle, chamado nível tático, ele representa a fase intermediária da empresa, correspondente a um departamento de análise mais gerencial. Sua dimensão de tempo é o médio prazo, e pode envolver as fases:

- Controle orçamentário;
- Contabilidade de custos;
- Mensuração;
- Ação corretiva.

Todas elas são importantes para assegurar que o desempenho da execução corresponda aos objetivos traçados anteriormente. Para Chiavenato (2004), o nível do controle tático baseia-se em dois principais conceitos:

- Retroinformação: é o mecanismo que fornece informações relativas ao desempenho passado ou presente que podem influenciar atividades e objetivos futuros do sistema;

- Homeostase: é a tendência que todo o organismo tem para autorre-gular-se, ou seja, retornar a um estado determinado, padrão.

Temos, por fim, o controle no nível operacional, que atinge a execução das tarefas e operações mais específicas desempenhadas no negócio. O controle operacional é bem específico no que diz respeito a tarefas e operações: o tempo é de curto prazo, e trabalha com objetivos imediatos, a avaliação operacional e seu sistema é mais voltada para realidade do dia a dia da empresa. Dentre os tipos de controle operacional de maior importância, Chiavenato (2004) nos apresenta:

- Produção em linha de montagem: mecanismo impessoal que exerce, mais do que hierarquia administrativa;
- Quadros de produtividade: são quadros que abordam aspectos quantitativos e qualitativos do desempenho dos subordinados e que são colocados em lugares públicos;
- Automação: o sistema e o método de tornar-se um processo automático, sem interferência ou ação humana;
- Controle de qualidade: consiste em assegurar que a qualidade do produto ou serviço atenda aos padrões prescritos;
- Controle de qualidade total: onde a totalidade dos itens devem ser comparadas ao padrão para verificação de erros ou desvios, porem apresenta elevado custo para execução;
- Controle por amostragem: por ser mais acessível de modo econômico é bastante utilizado, onde são recolhidas amostras aleatoriamente para análise;
- Controle de qualidade aleatório: onde a inspeção e realizada em apenas uma percentagem dos produtos ou serviços de modo aleatório.

Após coletar e analisar dados obtidos na organização, é importante fazer a análise da produtividade e da qualidade dos resultados alcançados durante a implantação do planejamento. Como já vimos anteriormente, mensurar e acompanhar os resultados é uma das etapas mais importantes do ciclo. No entanto, isso é feito, geralmente, por meio de uma análise de relatórios operacionais e financeiros regulares sobre as atividades da empresa. Por outro lado, esses dados mostram em quais aspectos a empresa está indo bem e em quais ela precisa melhorar. Dados são fundamentais também para o correto uso de uma das mais consagradas ferramentas de controle estratégico, o *Balanced Scorecard*, ou BSC.

✖ O BSC COMO FERRAMENTA DE CONTROLE DA ESTRATÉGIA

Apesar dos diversos tipos de controles existentes, muitos sistemas não permitem aos administradores acompanharem processos críticos da organização. Uma metodologia com grande aceitação e difusão é a do *Balanced Scorecard*, ou escore balanceado, também conhecido como BSC. A metodologia foi desenvolvida na década de 1990 no âmbito de um projeto de pesquisa liderado por Kaplan e Norton (1992), que teve a participação de 12 empresas americanas. A partir da visão da organização e da estratégia escolhida, indicadores seriam traçados para as dimensões consideradas mais relevantes para o controle dos negócios, a saber:

- Financeira
- Clientes
- Processos internos
- Aprendizagem e crescimento

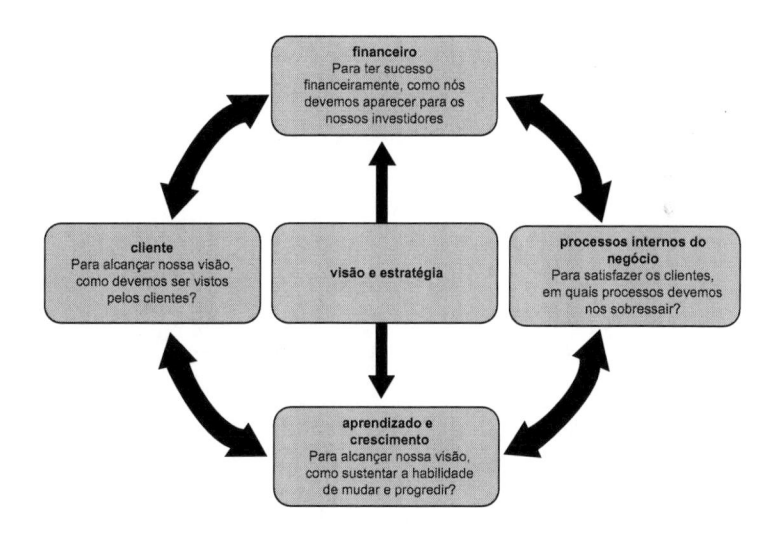

Nessas dimensões, as empresas destacam os objetivos específicos e as medidas que tomarão para alcançá-los. Por exemplo, se uma empresa deseja ter liderança em inovação, pode comprar novas tecnologias, contratar pessoas especializadas com foco em criatividade. Isso pode ser interpretado sob a "Perspectiva de Inovação e Aprendizagem".

Em outro exemplo, se uma empresa deseja ganhar experiência no setor em que se prepara para entrar, ela pode providenciar treinamento obrigatório para seus funcionários para reduzir custos, em vez de contratar pessoas de fora do mercado. Isso pode ser interpretado sob a "Perspectiva Interna de Negócios". Temos, então, que embora o *balanced scorecard* forneça informações sobre quatro perspectivas diferentes, também evita o excesso de informações ao filtrar o número de medidas para atingir a meta desejada.

A dimensão da aprendizagem e crescimento mostra como as empresas estão mudando com sucesso o que oferecem como produtos ou serviços, com o propósito de se adequar às mudanças nos ambientes interno e externo. O valor de uma empresa está relacionado com sua capacidade de melhorar, inovar e aprender. Com o desenvolvimento de novos produtos e serviços, maior criação de valor para os clientes e aumento da eficiência operacional uma empresa pode ser capaz de alcançar uma nova penetração no mercado, ter um aumento de receitas e margens e aumento do valor para o acionista. A capacidade de uma empresa de ter um bom desempenho do ponto de vista de inovação e aprendizagem depende de seus ativos intangíveis (capital intelectual, criatividade, novas tecnologias), mais do que de seus tangíveis.

Na dimensão financeira, entendemos que são os indicadores de desempenho financeiro que mostram a contribuição do sucesso da estratégia, implementação e execução para a melhoria do resultado final. Declarações financeiras regulares apelam aos gerentes de que a melhoria da qualidade, o tempo de reação, a produtividade e os produtos de inovação são benéficos para as empresas se melhorias nas vendas, aumento na participação no mercado, redução de despesas ou giro de ativos de alto nível forem alcançados como resultados. As metas financeiras clássicas devem auxiliar o lucro, o crescimento e o aumento do valor para o acionista.

Sobre a percepção dos clientes, é possível identificar que são indicadores de desempenho que mostram o sucesso das empresas na satisfação das expectativas dos clientes. A satisfação do cliente é um dos objetivos mais importantes dos negócios. Se o engajamento do cliente for visto como uma estratégia central, pode gerar uma vantagem competitiva importante para um crescimento lucrativo. Para ter uma forte perspectiva do cliente, uma empresa deve ter como objetivo colocar-se na mente dos clientes e integrá-los aos processos de negócios, operar de forma inovadora, desenvolver novos produtos para atender às expectativas e aprender constantemente. A perspectiva de clientes está fortemente relacionada à ideia de qualidade que o mercado tem sobre seu negócio.

Outra perspectiva de suma importância presente no BSC é a análise dos processos internos da organização. É fundamental verificar de que modo os objetivos e metas relacionados a estes processos estão, ou não, sendo alcançados. Os gestores devem se concentrar em operações internas importantes que lhes permitam satisfazer as necessidades dos clientes. Desperdícios, excesso de burocracia e gargalos de produção estão entre os fatores relacionados aos processos internos que podem ser controlados pelo negócio por meio do uso do BSC.

Dentro das quatro perspectivas apresentadas, podemos apontar algumas das principais vantagens da utilização do BSC:

▷ Tomadas de decisão mais assertivas – utilização de um mapa estratégico construído com dados reais. Isso facilita os processos de tomada de decisão, que passam a ser melhor fundamentados e assertivos.

▷ Maior clareza na definição de objetivos e estratégias – a ferramenta permite visualizar de maneira mais clara todos os objetivos a serem alcançados e as estratégias que deverão ser adotadas para que isso aconteça.

▷ Maior engajamento das equipes – o BSC é uma ferramenta que favorece a participação dos colaboradores durante a definição de metas e estratégias.

▷ Melhoria na alocação de recursos – o BSC sugere que há uma relação direta entre suas dimensões. Ou seja, as estratégias pensadas na perspectiva dos clientes, por exemplo, podem refletir nos resultados da perspectiva financeira.

▷ Visão mais ampla e sistêmica sobre a empresa – permite o gestor ter uma visão ampla e completa da empresa e ver o negócio por meio de outras perspectivas também relevantes. O BSC é, portanto, um instrumento de gestão "a vista de todos."

Essa abordagem incorpora o estabelecimento de metas, o monitoramento do progresso sobre elas e, quando necessário, a intervenção para trazer o progresso de volta ao curso. O BSC organiza a estratégia em um formato simplificado, e pode ser aplicável, em geral, a qualquer setor e porte de empresa. Destaca-se, inclusive, que a abordagem do BSC foi originalmente projetada para uso em organizações empresariais ou organizações que trabalham no setor privado, mas em seu desenvolvimento pode ser adaptado para organizações do setor público e outras organizações sem fins lucrativos. Para concluirmos nosso capítulo, vamos pensar em um exemplo simplificado de BSC preenchido, trazido na ilustração abaixo:

Perspectiva	Objetivo	Meta	Resultado	Proposta
Financeira	Aumentar a receita do negócio	Crescer em 10% as vendas em SP no 1º trimestre do ano	Crescimento de 5% de vendas (não alcançado)	Realizar parcerias com fornecedores locais.
Cliente	Fidelizar os clientes por meio de maior satisfação	Reduzir em 20% o tempo médio de espera do SAC	Redução de 22% do tempo médio de espera (alcançado)	Passar a atuar na resolutividade do atendimento
Processos Internos	Otimizar a produtividade na fábrica	Aumentar em 7% a velocidade de produção por peça	Redução da velocidade fabril em 3% (não alcançado)	Encontrar a causa raiz da perda de velocidade
Aprendizado	Desenvolver os colaboradores de RH	Ofertar R$ 3.000,00 em bolsas de estudo para MBA por trimestre	Impossibilidade de oferta de bolsas na pandemia (não alcançado)	Rever situação de bolsas e pensar em alternativas de treinamento interno

A partir deste exemplo fictício fica claro que a empresa não está conseguindo alcançar a maior parte de suas metas estabelecidas. Com exceção do alcance da meta de redução em 20% do tempo médio de espera do SAC, meta associada ao objetivo de fidelizar os clientes por meio de maior satisfação, nota-se que nenhuma meta foi alcançada. Temos, então, que as dimensões financeira, de processos internos e de aprendizado devem ser prioritárias para os próximos movimentos da empresa, ora pela revisão das metas, ora pela revisão dos planos necessários para alcançá-las.

Note, pela tabela, que criamos uma coluna extra em relação ao modelo original proposto por Kaplan e Norton (1992), denominada "proposta", com a finalidade de estimular ações corretivas por parte da empresa, especialmente sobre as metas não alcançadas. Argumentamos que esta coluna pode gerar maior comprometimento por parte do pessoal envolvido nos projetos-chave do negócio para o alcance das metas.

CAPÍTULO 7
FERRAMENTAS ESTRATÉGICAS COMPLEMENTARES: O USO ADICIONAL DA BCG, ANSOFF E GUT

✕ A MATRIZ BCG

As empresas precisam utilizar as ferramentas de que dispõem no intuito de permanecerem competitivas em seu mercado de atuação. Uma destas ferramentas clássicas, que pode ser utilizada em complemento àquelas que já vimos no decorrer de nosso livro, é a chamada Matriz BCG, que leva este nome por ter sido criara pelo *Boston Consulting Group*. Trata-se de um modelo de análise que pretende auxiliar os gestores no planejamento de portfólio de negócios da empresa. Este modelo nos ajuda a decidir sobre quais negócios manter, investir ou desinvestir.

Uma das ideias dessa matriz é criar uma conexão entre os vários negócios da empresa, de acordo com sua participação no mercado. Neste sentido, ela consegue identificar a linha de produtos que proporciona o melhor resultado para a empresa, e também permite identificar aquela que deve ser desativada ou radicalmente alterada. A matriz BCG se apresenta com o objetivo de gerar uma estratégia que possibilite a projeção de movimentos para cada produto que uma empresa oferece. Isso ocorre com base no ciclo de vida do produto.

A matriz proporcionou um grande avanço em diversas empresas, também por ser simples de ser compreendida e, ao mesmo tempo, tratar do que deve ser priorizado pelos gestores, podendo ser utilizada tanto para avaliar suas marcas ou produtos, quanto para avaliar suas unidades de negócios como um todo, sendo este último seu uso mais frequente. Foi desse modo que ela se tornou um clássico do pensamento administrativo, especialmente em áreas como estratégia, marketing e vendas. O modelo de análise da matriz BCG parte do pressuposto de que para ter sucesso uma empresa precisa ter um portfólio de negócios com diferentes taxas de crescimento e diferentes participações no mercado (KOTLER, 2000).

Para entender como funciona esse modelo, deve-se primeiro traçar um gráfico, cujos eixos representam a participação do mercado, e cada quadrante uma unidade de negócio, chamadas: interrogação/oportunidade; estrela; vaca leiteira e abacaxi. A figura abaixo ilustra uma matriz BCG:

Participação relativa de mercado		
	Alta	Baixa
Crescimento do mercado — Alta	Estrela	Questionamento
Crescimento do mercado — Baixa	Vaca leiteira	Abacaxi

ESTRELA

Unidade de negócios com grande participação em mercados com alta taxa de crescimento. Em geral, são mais lucrativas, consomem diversos recursos para se manter em crescimento e competitividade, visto que estão em setores de grande atratividade para lucros altos.

PONTO DE INTERROGAÇÃO/OPORTUNIDADE

Unidade de negócios com pequena participação em mercados que crescem rapidamente. Se caracterizam por empresas que acabaram de entrar no mercado, e podem talvez se tornarem estrelas aumentando sua visibilidade no mercado, ou podem ser desinvestidas.

VACA LEITEIRA

Unidade de negócios com grande participação em mercado que cresce lentamente. Geralmente dominam um mercado que não atrai muitos entrantes, são geralmente muito lucrativas e bem estabelecidas há muitos anos.

ABACAXI

Unidade de negócios que tem pequena participação em mercado que cresce lentamente ou em declínio. Em geral, são empresas com frequentes perdas e pequenos lucros e que brevemente serão desinvestidas.

O desenvolvimento e a análise da matriz BCG permitem que as corporações decidam quanto ao seu portfólio ideal de unidades de negócios. Segundo seus criadores, as corporações devem, preferencialmente:

- possuir unidades do tipo estrela ou vaca leiteira;
- possuir apenas alguns pontos de interrogação;
- não possuir abacaxis em seu portfólio.

O portfólio ideal será produzido ao criar e manter participações de mercado, consequentemente extrair o máximo de recursos no curto prazo, ou seja, realizar a colheita, e também redirecionar recursos sempre que aplicável para obtenção de melhores resultados com novos produtos.

✗ VANTAGENS E LIMITAÇÕES DA FERRAMENTA BCG

Algumas vantagens da aplicação da matriz BCG no planejamento estratégico:

- Alocação transparente dos recursos;
- Clareza sobre a função e objetivo de cada produto e sua participação no mercado;
- Reposicionamento e/ou exclusão de produtos;
- Ajuda no estabelecimento de indicadores para avaliar cada unidade de negócio;
- Permite que a empresa trabalhe frequentemente na diversificação de seus produtos.

Conhecendo sua aplicabilidade e resultados, cabe destacar que a matriz BCG também possui algumas limitações. A apresentação estrutural da matriz

BCG favorece a compreensão da situação das unidades de negócio de forma ampla, dificultando a definição de estratégias específicas para cada um deles. Ou seja, entende-se que a participação de mercado elevada não é o único fator de sucesso e não significa lucratividade constante. Da mesma forma, o crescimento de mercado não é o único fator de sucesso e atratividade.

Alguns fatores que impulsionam as críticas ao modelo:

- A gestão do fluxo de caixa nem sempre é a função primária de uma corporação. Se os mercados de capitais são fluidos, o fluxo de caixa e o crescimento são menos importantes do que a matriz sugere. Ou seja, as empresas de baixo crescimento podem devolver dinheiro aos acionistas em vez de investi-lo em pontos de interrogação. As corporações de alto crescimento podem levantar novo capital em vez de arriscar a posição competitiva de suas vacas leiteiras do caixa, pressionando-as com muita força;
- A matriz não faz distinção entre os mercados com base no potencial de lucro do setor;
- A curva de experiência e a participação no mercado nem sempre são os principais impulsionadores da vantagem competitiva;
- A matriz implica que a empresa não desempenha nenhum papel na estratégia de negócios além de fornecer o dinheiro;
- É difícil definir os limites da indústria a serem usados para calcular a participação de mercado.

A matriz BCG também não leva em consideração pequenos concorrentes em mercados de crescimento rápido, o que pode ser um risco em potencial. Seja como for, apesar das limitações, trata-se de uma ferramenta muito relevante dentro daquilo a que se propõe.

✗ A MATRIZ ANSOFF

A matriz Ansoff (1980) leva o nome de seu criador, Igor Ansoff. Ela é uma ferramenta de planejamento estratégico que relaciona a estratégia de marketing de uma organização com sua direção estratégica geral. A matriz é uma das estruturas mais eficazes para organizações que buscam o foco no aumento de receita de vendas e lucratividade. O modelo representa quatro estratégias alternativas de crescimento, a saber:

Penetração de mercado – você se concentra em vender seus produtos ou serviços existentes para seus mercados existentes para alcançar o crescimento na participação de mercado;

Desenvolvimento de Mercado – você se concentra no desenvolvimento de novos mercados ou segmentos de mercado para seus produtos ou serviços existentes;

Desenvolvimento de produto – você se concentra no desenvolvimento de novos produtos ou serviços para seus mercados existentes;

Diversificação – você se concentra no desenvolvimento de novos produtos para vender em novos mercados.

Mercados		Produtos	
		Existentes	**Novos**
	Existentes	**Penetração de Mercado**	**Desenvolvimento de Produtos**
	Novos	**Desenvolvimento de Mercado**	**Diversificação**

Esse modelo se caracteriza por uma matriz de dupla entrada que trabalha com dois vetores (produto e mercado):

O eixo vertical se concentra nos mercados da empresa e também determina se a empresa está procurando inovar em novos mercados. O eixo horizontal se concentra nos produtos da empresa e determina se a empresa deseja explorar os produtos existentes ou buscar novos produtos.

Kotler (2000) apresentam um exemplo de como a matriz pode ser utilizada, com a análise do caso da multinacional Unilever. Eles sugerem que a empresa deveria considerar as seguintes estratégias:

- Penetração no mercado – indica-se em propagar mais vendas para clientes atuais sem alterar os produtos. Por exemplo, cortar o preço de sua margarina de marca ou aumentar sua publicidade;
- Desenvolvimento de mercado – identificar novos mercados para produtos atuais. Por exemplo, analise grupos demográficos, como crianças, adolescentes, jovens adultos, para ver se algum desses grupos poderia ser incentivado a comprar ou comprar mais sorvetes da Unilever. Ou restaurantes, serviços de alimentação ou hospitais para ver se as vendas para esses compradores poderiam ser aumentadas;
- Diversificação – a Unilever poderia iniciar ou comprar negócios inteiramente fora de seus produtos e mercados atuais. Por exemplo, a empresa poderia entrar no crescente setor de saúde e fitness, que inclui equipamentos de ginástica, alimentos saudáveis e programas de emagrecimento;
- Desenvolvimento de produto – os produtos podem ser oferecidos em novos tamanhos, novas embalagens ou lançar novos produtos alinhados com os ideais da empresa.

Com base neste exemplo fica fácil de notarmos a importância de construirmos a matriz com base em informações que reflitam o contexto real de seu negócio, posto que as decisões a serem tomadas a partir da interpretação da matriz afetarão, de forma positiva ou negativa, uma parte substancial de sua empresa.

✗ A NECESSIDADE DE DIFERENCIAR-SE: A VISÃO DO OCEANO AZUL

Tanto a matriz BCG quanto a Ansoff podem ser utilizada em conjunto com diferentes lentes teóricas da estratégia, como, por exemplo, a estratégia do oceano azul, proposta por Kim e Mauborgne (2014), que defende que as empresas realmente estratégicas conseguem tornar a competição sobre elas praticamente irrelevante, devido ao grande diferencial que conseguem impor ao mercado. Crainer e Dearlove (2014, p. 82) explicam, em trecho de seu livro, que esta diferenciação pode ocorrer a partir de cinco características que estão presentes nestes negócios de grande destaque, a saber:

1. Pressupostos sobre a indústria: inovadores em valor pressupõem que serão capazes de alterar e moldar as condições da indústria;

2. Foco estratégico: em vez de reagir aos rivais – deixando que eles definam os parâmetros para a competição – e oferecer algo similar, porém melhor, os inovadores em valor reinventam o mercado, dando um grande salto nos valores oferecidos;

3. Consumidores: em vez de focar em segmentação e customização para refinar as necessidades divergentes dos consumidores, inovadores em valor concentram-se nas convergências da maioria dos compradores;

4. Ativos e capacitações: inovadores em valor não ficam limitados a ver oportunidades do negócio por meio dos ativos e capacitações existentes, e frequentemente optam por uma abordagem nova para criar mais valor;

5. Oferta de produto e serviço: empresas convencionais operam dentro de um espaço definido pelos produtos e serviços que suas indústrias tradicionalmente oferecem. Inovadores em valor buscam soluções para os consumidores que possam ser encontradas ultrapassando a cadeia de valor, mesmo que isso signifique entrar em um novo negócio.

Com base nestas importantes características, é necessário que a empresa tenha clareza se deseja, como dizem Kim e Mauborgne (2014), procurar oceanos azuis para competir ou continuar a navegar nos mares sangrentos, em que a concorrência pode funcionar como verdadeiros tubarões enfurecidos.

✗ MATRIZ GUT

De todas as ferramentas trazidas neste livro, esta é possivelmente a menos conhecida. Optamos por incluí-la em nossa obra por considerarmos que ela pode ser um instrumento muito útil para a tomada de decisão nos negócios, especialmente para o controle da estratégia, inclusive nos níveis táticos e operacionais. Trata-se de um modelo que auxilia os gestores na priorização de seus problemas, algo que é especialmente relevante considerando-se que nós, enquanto gestores, muitas vezes não conseguimos "atacar" todos os problemas que aparecem diante de nós, seja por falta de tempo, seja por dificuldades de excesso de burocracia, limitações financeiras, ausência de informação, questões políticas, e assim por diante.

Fonte: Elaborado pelos autores.

Para que possamos priorizar os problemas a serem resolvidos, devemos pensar, para cada problema, em seu grau de gravidade, urgência e tendência. As primeiras letras destas três palavras dão nome a ferramenta GUT. Abaixo temos uma imagem que ilustra seu uso:

Problema	Gravidade	Urgência	Tendência	Grau crítico	Sequência
Lentidão no atendimento ao cliente	4	4	1	16	4º
Mão de obra desqualificada	3	3	1	9	5º
Produto com risco para a segurança dos consumidores	5	5	5	125	1º
Aumento dos impostos sobre serviço	3	2	3	18	3º
Desperdícios na produção fabril	3	4	2	24	2º

Neste exemplo fictício temos uma matriz GUT preenchida, em que cada problema é analisado em cada linha. Esta análise consiste em estabelecer uma pontuação de 1 a 5 para o problema, dentro dos eixos gravidade, urgência e tendência, que devem ser interpretados da seguinte forma:

- para gravidade: (1) sem gravidade; (2) pouco grave; (3) grave; (4) muito grave; (5) extremamente grave;
- para urgência: (1) pode esperar; (2) pouco urgente; (3) resolver o mais rápido possível; (4) é urgente; (5) precisa ser resolvido já;
- para tendência: (1) não mudar nada; (2) piorar em longo prazo; (3) piorar em médio prazo; (4) piorar em curto prazo; (5) piorar rapidamente.

Agora que conhecemos os passos e as pontuações para classificarmos os problemas, note uma coluna denominada grau crítico na tabela. Ela é fruto da multiplicação dos pontos preenchidos dentro das três dimensões da matriz, e seu resultado nos mostra, naturalmente, quais problemas devem ser priorizados. Para o exemplo trazido, o primeiro problema a ser atacado deve ser o produto com risco para a segurança dos consumidores, que obteve nota máxima em gravidade, urgência e tendência de piorar rapidamente. Note que os 125 pontos deste problema o colocam em uma posição de grande prioridade em relação aos demais.

Cabe destacar que a coluna de tendência é especialmente no uso da matriz GUT, pois ela nos leva a refletir o que ocorrerá com o problema caso não seja feita uma intervenção imediata. Desse modo, devemos ter em mente que sem informações sobre seu negócio torna-se muito difícil construir uma matriz GUT que seja efetiva para sua tomada de decisão estratégica.

CAPÍTULO 8
UM FATOR CRÍTICO PARA O ÊXITO ESTRATÉGICO: OS PÚBLICOS INTERNO E EXTERNO DOS NEGÓCIOS

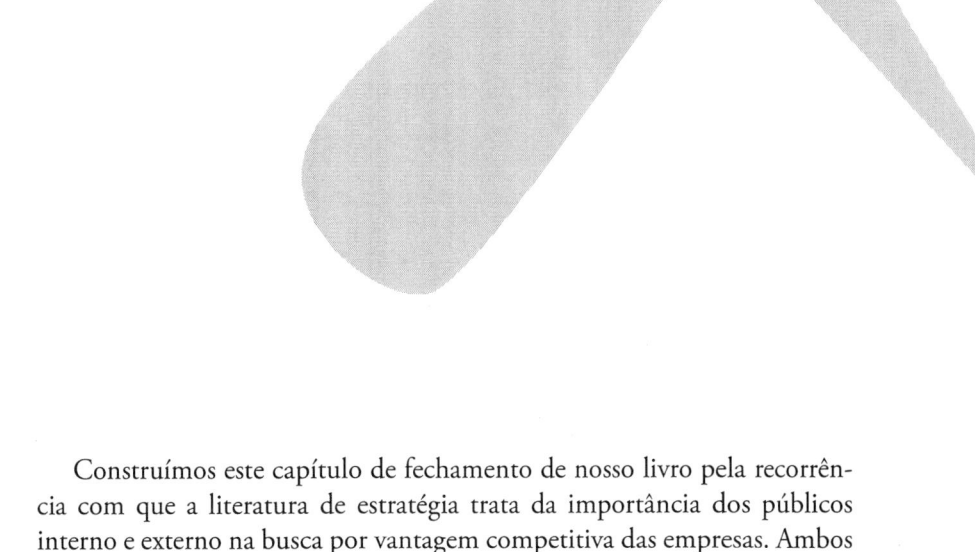

Construímos este capítulo de fechamento de nosso livro pela recorrência com que a literatura de estratégia trata da importância dos públicos interno e externo na busca por vantagem competitiva das empresas. Ambos os públicos podem ser vistos, portanto, como fatores críticos para o sucesso dos negócios, e conhecer suas peculiaridades pode tornar-se um dos grandes elementos de diferenciação no cenário de hipercompetição em que vivemos (D'AVENI, 2001).

✗ O PÚBLICO INTERNO E A ESTRATÉGIA: A IMPORTÂNCIA DE ATRAIR AS PESSOAS CERTAS PARA O NEGÓCIO

Se você parar para pensar, certamente vai se recordar de alguma experiência ruim com uma empresa. Seja por causa da longa espera pelo atendimento, seja pela qualidade ruim do serviço recebido. Mas, você também deve se lembrar de alguma experiência de serviço realmente boa. Daquelas que fez você guardar uma boa lembrança daquele momento.

Funcionários que atuam, por exemplo, em empresas prestadoras de serviços, são considerados com frequência como sendo displicentes, incompetentes e mesquinhos. Entretanto, também existem os casos em que podem ser vistos como heróis, que fizeram de tudo para ajudar os clientes, prevendo suas necessidades e resolvendo problemas com solicitude e empatia. Seja como for, não podemos perder de vista a importância estratégia que tem o conjunto de funcionários que fazem parte da linha de frente do negócio, tidos como aqueles que lidam diretamente com os consumidores. Abaixo trazemos alguns argumentos sobre a importância dessa linha de frente:

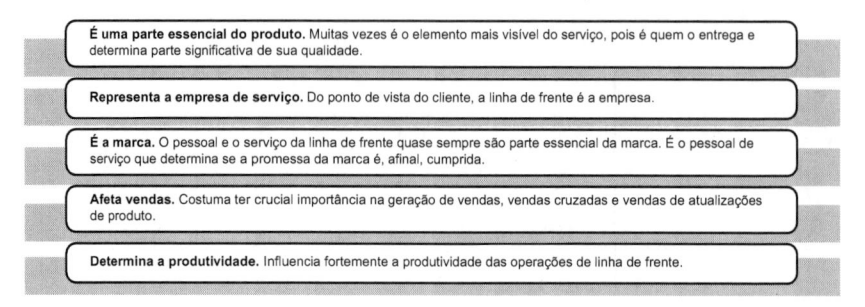

Fonte: Adaptado de Lovelock, Wirtz & Hemzo (2011, p. 340-341).

Além dos argumentos trazidos, funcionários da linha de frente costumam desempenhar um papel importante na previsão das necessidades dos consumidores, pois conseguem adaptar a entrega de serviço, desenvolver relacionamentos personalizados e gerar fidelidade. Isso porque um atendimento bem executado leva à satisfação e ao desejo de voltar a usar o serviço, criando assim a fidelização. Trata-se, como sabemos, de uma tarefa difícil, e que pode ser ilustrada pelos conceitos de ciclos de fracasso, mediocridade e sucesso.

✗ CICLOS DE FRACASSO, MEDIOCRIDADE E SUCESSO

Vamos analisar o modo como empresas ineficientes, medianas ou excelentes capacitam seus funcionários de linha de frente para o fracasso, a mediocridade ou o sucesso. Empresas que possuem uma alta taxa de rotatividade de funcionários costumam enfrentar o "ciclo do fracasso". Empresas com pouco espaço para iniciativas pessoais podem passar pelo "ciclo da mediocridade". No entanto, a empresa que é bem gerenciada, tem potencial para o "ciclo do sucesso".

✗ O CICLO DO FRACASSO

Devida a intensa busca por produtividade muitas empresas de serviços optam por simplificar rotinas de trabalho. Com isso, contratam profissionais que recebem baixos salários e que precisam executar tarefas repetitivas que exigem pouco treinamento. Entre estas empresas estão as lojas de departamentos, os restaurantes de *fast food* e as centrais de atendimento e telemarketing. A figura abaixo demonstra como essas práticas resultam em fracassos dos funcionários e fracasso com os clientes.

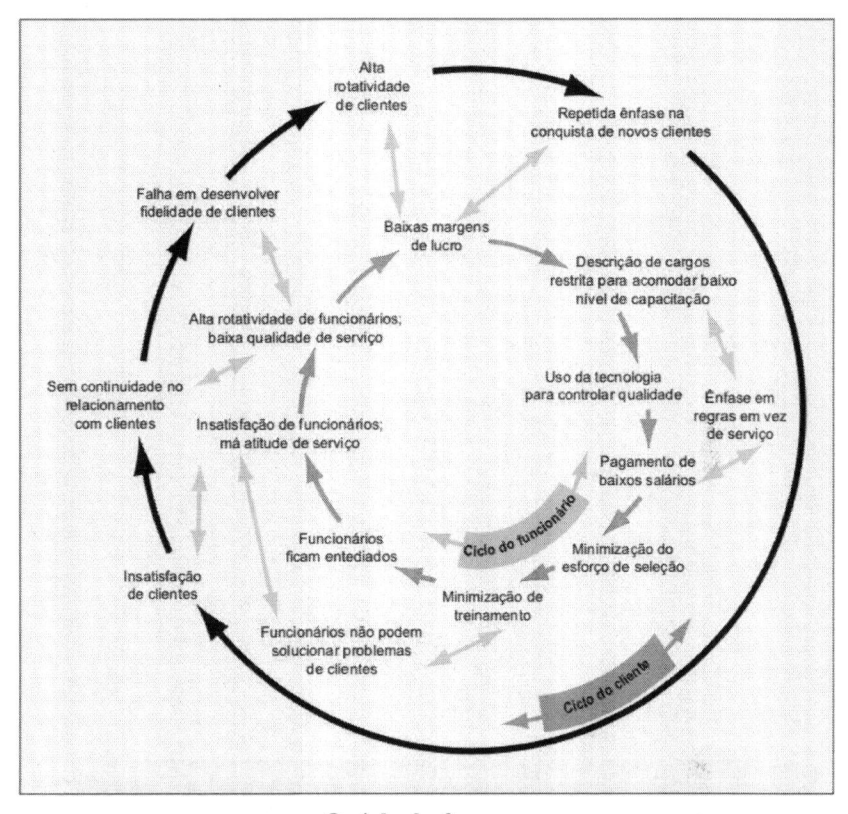

O ciclo do fracasso
Fonte: Lovelock, Wirtz & Hemzo (2011, p. 347).

Empresas que adotam uma estratégia de salários baixos, geralmente contratam funcionários com pouca capacitação e para funções com ênfase em regras. Isso gera funcionários entediados e com baixa ou nenhuma capacidade para resolver os problemas dos clientes. Isso resulta em baixa qualidade na prestação do serviço e alta rotatividade de funcionários. Nestes casos, o moral dos funcionários de serviço atinge níveis tão baixos que estes funcionários hostilizam clientes e podem até mesmo sabotar o serviço. Um exemplo disso é o atendimento de algumas redes de *fast food*, nas quais não é difícil encontrar atendentes que tratam mal os consumidores propositalmente.

No caso do ciclo de fracasso com o cliente, a constante insatisfação com o nível de serviço prestado faz com que a empresa tenha que atrair constantemente novos clientes para manter o volume de vendas. Conquistar novos clientes gera custos, pois a empresa precisa investir em ações como propaganda e descontos promocionais. O custo de conquistar um novo cliente é consideravelmente maior do que o de manter os clientes atuais. Trata-se, portanto, de um grave erro estratégico.

✗ O CICLO DA MEDIOCRIDADE

O ciclo da mediocridade é mais provável de ser encontrado em empresas de grande porte, que possuem processos mais burocráticos e nas quais existe pouco incentivo para melhorar o desempenho.

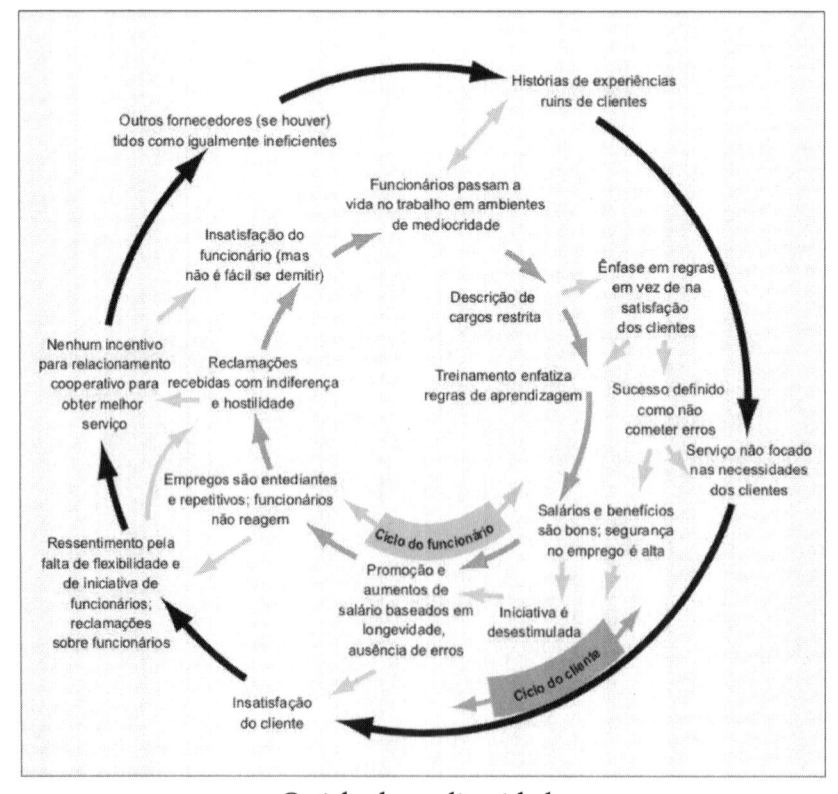

O ciclo da mediocridade
Fonte: Lovelock, Wirtz & Hemzo (2011, p. 349).

Nessas empresas os padrões de entrega costumam seguir rígidos manuais de regras, voltados à padronização do serviço, às eficiências operacionais e à prevenção da fraude do funcionário e do favoritismo em relação a clientes. O nível de desempenho costuma ser medido pela ausência de erros e não pela alta produtividade ou notável atendimento ao cliente. O treinamento tem foco no aprendizado de regras e os aspectos técnicos do serviço, ao invés de como melhorar a interação com os clientes e colegas.

A rotina nestes serviços costumam ser tediosas e repetitivas, pois a flexibilidade ou a iniciativa permitidas ao funcionário são mínimas. Entretanto, diferentemente do que acontece nas empresas que apresentam o ciclo do fracasso, em grande parte dos cargos, o salário é adequado e os benefícios geralmente são bons. Assim, os funcionários permanecem nos cargos. Nesse tipo de empresa, os clientes ficam frustrados com as inúmeras barreiras burocráticas, a falta de flexibilidade no serviço e a provável má vontade dos funcionários. Por isso, os clientes insatisfeitos demonstram hostilidade em relação aos funcionários, que por sua vez se sentem presos ao emprego e impotentes para melhorar a situação.

Como resultado vemos clientes descontentes reclamando para outros clientes e para funcionários mal humorados, sobre o serviço precário recebido, gerando assim, mais atitudes defensivas e falta de cuidado por parte dos funcionários.

✗ O CICLO DO SUCESSO

Ao contrário dos ciclos anteriores, algumas empresas rejeitam as premissas dos ciclos do fracasso ou da mediocridade e adotam uma visão estratégica de longo prazo de desempenho financeiro. Elas procuram prosperar por meio do investimento nos funcionários a fim de criar um 'ciclo do sucesso'.

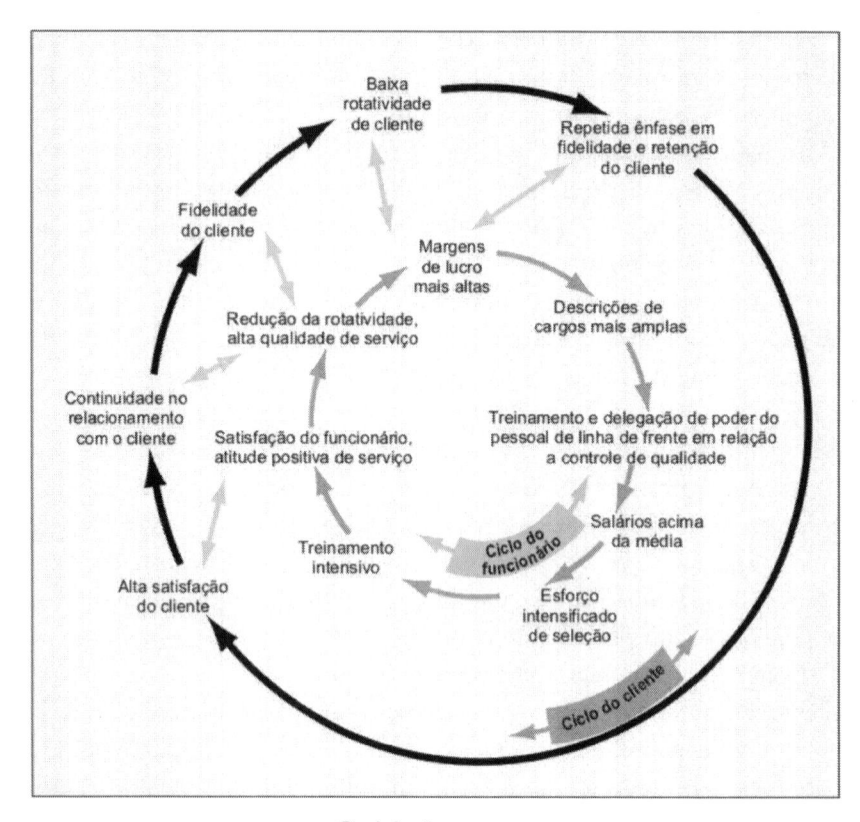

O ciclo do sucesso
Fonte: Lovelock, Wirtz & Hemzo (2011, p. 351).

Nestas empresas existem condições atraentes de remuneração para recrutar funcionários de boa qualidade. Com treinamentos constantes e melhores salários, a probabilidade de que os funcionários fiquem mais satisfeitos aumenta. Isso faz com que eles ofereçam ao cliente um serviço mais agradável e de qualidade superior. Os clientes, por sua vez, são mais assíduos e apreciam a continuidade do relacionamento, também graças à baixa rotatividade entre os funcionários. Desse modo, os clientes estão mais propensos a permanecerem fiéis. Nesse ciclo, a margem de lucro das empresas tende a ser mais alta.

✗ O PÚBLICO EXTERNO E A ESTRATÉGIA: A IMPORTÂNCIA DOS ATRIBUTOS OFERECIDOS PARA CONQUISTAR OS CLIENTES

Uma empresa que deseja expandir seus lucros e suas vendas deve investir tempo e recursos para conquistar novos clientes. Para geração de *leads* (informações de clientes potenciais), é importante divulgar a marca por meios de comunicação que alcançarão novos consumidores. Além disso, a empresa deve enviar e-mails para potenciais clientes, incentivar a participação da equipe de vendas em feiras setoriais para encontrar novas possibilidades de venda, comprar cadastros de consumidores de empresas especializadas, participar ativamente nas redes sociais entre outras.

Uma das estratégias mais importantes para atrair novos consumidores é compreender quais são os critérios que os consumidores avaliam na hora de escolher por um produto ou serviço (KOTLER, 2000). Vamos abordar alguns destes critérios a seguir.

Disponibilidade: quão acessível o serviço é para os consumidores? O Itaú ficou conhecido pela expressão "30horas", em que soma as seis horas de funcionamento das agências que geralmente ficam abertas das 10h às 16h mais as 24 horas dos caixas eletrônicos, site, aplicativos e telefones da central de atendimento. Além dos bancos, muitas outras empresas prestadoras de serviço possuem serviço de atendimento telefônicos 0800 (discagem gratuita) com horário estendido, chats pelos sites e canais de atendimento nas redes sociais para facilitar o acesso a informações após o horário normal de funcionamento.

Conveniência: um dos pontos importantes para a empresa prestadora de serviço é sua localização, uma vez que os consumidores precisam se deslocar até lá. Por exemplo, postos de gasolina, restaurantes *fast food* e lavanderias são exemplos de serviços que devem optar por estarem localizados em ruas movimentadas para terem maior número de clientes. Além disso, as lojas que possuem rede de franquias, como Boticário, Cacau Show, AmPm entre outras, conseguem atingir um número maior de consumidores por estarem presentes em diversos pontos da cidade.

Confiabilidade: o cliente pode ficar tranquilo de que o serviço prestado é confiável? Uma reclamação muito comum sobre a manutenção de automóveis, por exemplo, está na incapacidade do prestador de serviço em solucionar o problema na primeira visita.

Personalização: a empresa trata seus consumidores como indivíduos únicos? Por exemplo, os hotéis, perceberam que seus clientes ficam felizes ao serem cumprimentados pelos seus nomes. A empresa fabricante do carro Mini Cooper é conhecida por permitir que os consumidores personalizem muitos itens dos seus carros. É possível personalizar faixas frontais e traseiras, os retrovisores, o envelopamento do teto entre outros itens. Possivelmente você já viu algum carro deste modelo nas ruas totalmente diferente.

Preço: quando falamos em competição por preço devemos ter em mente o setor de atuação. Ao pensarmos, por exemplo, no setor de serviços, encontramos dificuldades de comparação de preços, por causa da intangibilidade inerente à parte dos serviços, ou seja, os consumidores possuem dificuldade de comparar os custos dos serviços de forma objetiva. Serviços rotineiros, tais como troca de óleo, apresentam maior facilidade para comparação de custos. No entanto, em serviços profissionais como uma consulta médica ou um *personal trainer*, a competição em preço pode ser considerada prejudicial por ser vista como uma substituta da qualidade.

Qualidade: uma função da relação entre as expectativas prévias dos clientes e as suas percepções durante e após a respectiva prestação do serviço é a qualidade dos serviços. Diferentemente da qualidade de um produto, que pode ser percebida de forma concreta, a qualidade de um serviço é julgada pelo processo de prestação e pelos resultados. Por exemplo, para um consumidor do serviço de academia, qualidade pode estar relacionada com a quantidade de aparelhos presentes no local, ao passo que para outro, qualidade pode ser a atenção recebida pelo instrutor durante o treino.

Reputação: consumidores podem apresentar incerteza em relação à escolha de um prestador de serviços por insegurança sobre o resultado final. Isso, muitas vezes é resolvido por meio de conversas com outras pessoas a respeito de suas experiências com aquele prestador.

Segurança: o bem-estar e a segurança são questões muito importantes, especialmente em setores específicos, como na área da saúde e em serviços de aviação civil, setores em que existe, por parte do consumidor, um maior grau de risco a ser considerado na relação com a empresa. Por isso, transmitir segurança é fundamental para a estratégia dos negócios. A Volvo é um conhecido exemplo de empresa que desenvolve carros para seus consumidores com foco na segurança. Por isso, posiciona seus veículos como os mais seguros disponíveis no mercado. Atualmente, a marca oferta a segurança é um serviço para seus consumidores.

Volvo modelo OV4, do ano de 1926
Fonte: Domínio público.

O início desta reputação sobre segurança vem de 1926 quando um dos 9 protótipos produzidos pela empresa se envolveu em um acidente com um carro produzido por uma marca norte americana. O veículo americano ficou completamente destruído, enquanto o carro da Volvo sofreu alguns pequenos arranhões. Desde então, a empresa desenvolveu muitas inovações voltadas a segurança.

Rapidez: por quanto tempo o consumidor deve esperar pelo serviço? Quando falamos de serviços de emergência, tais como combate a incêndios e proteção policial, o tempo de resposta do prestador de serviço é o principal critério de desempenho considerado pelo consumidor. Em relação a outros serviços, o tempo de espera pode ser compensado com serviços personalizados ou taxas reduzidas. Por exemplo, uma pizzaria pode enviar um brinde ao consumidor pelo alto tempo de espera na entrega *delivery*.

Pudemos notar, a partir deste capítulo, que o sucesso estratégico é, por vezes, uma consequência da relação existente entre nossos públicos interno e externo. Fugir do ciclo do fracasso ou da mediocridade, e adotar atributos fortes que nos diferenciem do restante do mercado, estão entre as principais recomendações da literatura de estratégia para o alcance de uma vantagem competitiva que possa ser sustentada no tempo.

✕ COMENTÁRIOS FINAIS

Esta obra não teve a pretensão de esgotar todos os conceitos de estratégia, muito menos todas as suas ferramentas. Trata-se de um livro que é fruto da trajetória de professores que vivem as discussões sobre estratégia na sala de aula e também no ambiente da consultoria de negócios, e que, desse modo, procuraram trazer aquilo que mais julgaram ser contributivo para a jornada de quem busca conhecer, e aplicar, os preceitos do pensamento estratégico.

Recomendamos, nessa jornada do conhecimento, que os leitores mergulhem também nos textos que tomamos como base durante nossos oito capítulos. Este mergulho permitirá uma compreensão muito mais rica sobre a estratégia empresarial, área de grande abrangência, e dentro da qual há inúmeras possibilidades de abordagem. Em nosso livro optamos pela adoção de uma visão clássica da estratégia, pautada por suas etapas tradicionais e por ferramentas que há muito estão globalmente consagradas.

Esperamos, desse modo, ter contribuído com seu caminho de estudos, e desejamos mais uma vez muito sucesso em sua jornada.

✕ REFERÊNCIAS

ANDREWS, Kenneth R. The concept of corporate strategy. New York: Richard D. Irwin, 1980.

ANSOFF, H. Igor. Strategic issue management. Strategic management journal, v. 1, n. 2, p. 131-148, 1980.

BARNEY, J. B.; HESTERLY, W. S. Administração estratégica e vantagem competitiva. São Paulo: Pearson prentice hall, 2007.

BARNEY, Jay. Firm resources and sustained competitive advantage. Journal of management, v. 17, n. 1, p. 99-120, 1991.

BUENO, Janaína M. Planejamento Estratégico. Curitiba: Editora Positivo, 2014.

CACAU SHOW. 2022. Área Institucional. Disponível em: <https://www.cacaushow.com.br/para-sua-empresa/institucional.html>. Acesso em: 7 de julho de 2022.

CERTO, S. C.; PETER, J. P.; MARCONDES, R. C.; CESAR, A. M. R. Administração estratégica: Planejamento e implantação da estratégia. 2. ed., São Paulo: Pearson Education do Brasil, 2005.

CHANDLER, Alfred D. Strategy and structure: Chapters in the history of the American industrial enterprise. MIT Press, 1969.

CHIAVENATO, Idalberto; SAPIRO, Arão. Planejamento estratégico. Elsevier Brasil, 2004.

COMPANHIA SIDERÚRGICA NACIONAL (CSN). 2022. Essência, Missão e Valores. Disponível em: <https://www.csn.com.br/quem-somos/essencia-visao-missao-e-valores/>. Acesso em: 3 de março de 2022.

CRAINER, Stuart; DEARLOVE, Des. Estratégia: arte e ciência na criação e execução. Bookman Editora, 2014.

D'AVENI, Richard D. A hipercompetição se aproxima. Dominando os mercados globais. São Paulo: Makron Books, p. 50-55, 2001.

DAY, G. Assessing Competitive Arenas: Who Are Your Competitors?, In DAY, G.; REIBSTEIN, D.; GUNTHER, R. (Eds.). Wharton on Dynamic Competitive Strategy, New York: John Wiley & Sons, Inc., 1997.

GHEMAWAT, Pankaj. Strategy and Business Landscape. 3rd Ed. Prentice-Hall, 2009.

HERRERO FILHO, Emílio. Balanced Scorecard e a gestão estratégica: uma abordagem prática. Alta Books Editora, 2019.

HITT, Michael A.; IRELAND, R. Duane; HOSKISSON, Robert E. Strategic management: Concepts and cases: Competitiveness and globalization. Cengage Learning, 2016.

KAPLAN, Robert; NORTON, David. The Balanced Scorecard: Measures that drive performance. Harvard Business Review, (January-February), p. 71-79, 1992.

KIM, W. Chan; MAUBORGNE, Renée. Blue ocean strategy, expanded edition: How to create uncontested market space and make the competition irrelevant. Harvard business review Press, 2014.

KOTLER, Philip. Administração de Marketing: a edição do novo milênio. São Paulo: Prentice Hall, 2000.

LOVELOCK, Christopher; WIRTZ, Jochen; HEMZO, Miguel Angelo. Marketing de serviços: pessoas, tecnologia e estratégia. São Paulo, Pearson, 2011.

MICROSOFT. 2022. Missão Organizacional. Disponível em: <https://news.microsoft.com/pt-pt/missao/>. Acesso em: 20 de abril de 2022.

MINTZBERG, H. Crafting strategy. Boston, MA, USA: Harvard Business School Press, 1987.

PETROBRAS. 2022. Governança e Compromissos. Disponível em: <https://www.investidorpetrobras.com.br/esg-meio-ambiente-social-e-governanca/estrategias-e-compromissos/>. Acesso em: 9 de maio de 2022.

PORTER, Michael E. Industry structure and competitive strategy: Keys to profitability. Financial analysts journal, v. 36, n. 4, p. 30-41, 1980.

PORTER, Michael. The Five Competitive Forces That Shape Strategy, Harvard Business Review, January, 25-41, 2008.

PORTER, Michael. What Is Strategy?, Harvard Business Review, Nov-Dec, 61-78, 1996.

REZENDE, José. Balanced Scorecard e a gestão do capital intelectual. Elsevier Brasil, 2017.

TEECE, David. Business models and dynamic capabilities. Long range planning, v. 51, n. 1, p. 40-49, 2018.

TZU, Sun. A arte da guerra. Editora Schwarcz-Companhia das Letras, 2019.

VASCONCELOS, Flávio Carvalho de; BRITO, Luiz Artur. O futuro da estratégia. RAE Revista de Administração de Empresas. São Paulo: FGV, v. 44, n. 2, 2004.